W0022118

Problemlose Bodenarbeit

Tipps und Tricks von Peter Pfister

Inhalt

Ein Wort zuvor

Liebe Leserinnen liebe Leser!

Die Arbeit mit Pferden ist manchmal sehr speziell, meistens sehr interessant und mitunter nicht ganz ungefährlich. Diese großen, in der Regel sanften Tiere können eine Faszination in uns erwecken, die ein Leben lang anhält. Hat man sich einmal infiziert, wird man den Pferdevirus nur schwer wieder los.

Ich glaube, dass über das Pferd viele Sehnsüchte im Menschen angesprochen werden. Die Sehnsucht nach Ursprung, nach Freiheit, nach Kraft und Abenteuer. Andererseits die Sehnsucht nach Geborgenheit, nach einem Getragen werden von einem großen, starken Wesen, nach Wärme und Anlehnung.

Solange ich denken kann, bin ich vom Pferdevirus befallen. Pferde sind in meinem Leben allgegenwärtig. Ein Leben ohne sie kann ich mir nicht vorstellen. Auch heute, nach vielen Jahrzehnten der Arbeit mit ihnen, ist meine Faszination ungebrochen. Die Arbeit mit Pferden ist wie eine endlose Reise, auf der es immer Neues zu entdecken, immer Neues zu lernen gibt. Dieses Leben ist eine stetige Fortentwicklung. Wer nicht bereit ist, sich vorwärts zu bewegen, wird sich letztlich zurückbewegen.

Die große Herausforderung bei der Arbeit mit Pferden und den dazugehörigen Menschen ist, beide aufeinander abzustimmen. Im Computerjargon würde man sagen, sie kompatibel zu machen. Damit das gelingt, muss der Mensch lernen, sich mit den Spielregeln der Natur auseinander zu setzen, sie zu verstehen und anzuwenden. Sind wir dazu nicht bereit, wird uns vieles verborgen bleiben.

Den Grundstock für dieses Buch bilden meine jahrzehntelange Erfahrung mit Pferden, meine Erlebnisse mit Berittpferden, aber auch mit meinen eigenen. Kenntnisse, die ich mir während meiner Kurstätigkeit im In- und Ausland aneignen konnte und eine Fülle Problemanfragen Hilfe suchender Pferdebesitzer und Reiter. Eine riesige Anzahl von Briefen, E-Mails und Anrufen haben mich im Laufe der Jahre erreicht, in denen Pferdeleute meinen Rat suchten, die teilweise sehr verzweifelt waren. Ich habe stets versucht, eine entsprechende individuelle Lösung für ein Problem zu finden.

Die Themen für dieses Buch habe ich aus diesem riesigen Fundus zusammengestellt. Viele der aufgeführten Fallbeispiele stammen aus Zuschriften. Dabei habe ich mich bemüht, Hinweise auf den Absender zu verfremden. Sollte einer meiner Leser ein aufgeführtes Fallbeispiel dennoch als sein eigenes erkennen, so bitte ich dies zu verzeihen. Sehen Sie es so: Vielleicht hilft ja die Darstellung Ihres Problems auch einem anderen, mit seinem Pferd besser zurechtzukommen.

Ein klares Konzept ist das Wichtigste, wenn man Lösungswege erarbeitet. Folgendes gilt es im Vorfeld abzuklären: Ist der Grund für das Problem die ungeklärte Leitungsfrage? Stimmt das Vertrauensverhältnis zwischen Mensch und Pferd? Oder verstehen sich Pferd und Mensch möglicherweise einfach nicht richtig? Verhält sich der Pferdebesitzer eventuell inkonsequent?

Wenn ich einen Lösungsweg für ein bestimmtes Problem ausarbeite, dann orientiere ich mich stets an dem von mir entwickelten **AVSK**-Ausbildungskonzept zur erfolgreichen Pferdeausbildung. Es basiert auf vier Säulen: **Autorität**, **Vertrauen**, **System** und **Konsequenz**.

Der Kerl hat gut lachen – balanciert auf einem kleinen Podest, ist mit einer riesigen blauen Plane zugedeckt und das in fremder Umgebung. Diese Dinge funktionieren nur, wenn das Verhältnis zwischen Mensch und Pferd stimmt. Das Pferd muss durch eine seriöse und strukturierte Ausbildung dort hingeführt werden.

Diese vier Säulen habe ich in meinem ersten Buch »Ranch-Reiten, eine alte Reitweise neu entdeckt« ausführlich beschrieben. Ich möchte auch an dieser Stelle kurz darauf eingehen, um Ihnen meine Methode nahe zu bringen, um so ein besseres Verstehen der von mir aufgezeigten Lösungsansätze zu erreichen.

Das AVSK-Ausbildungskonzept

Die vier Säulen

A steht für Autorität.

Das Pferd ist ein Herdentier, als solches lebt es in einer Rangordnung. Hier lauten die Fragen: Wer leitet? Wer wird geleitet? Nur dem, der eine gute Leitungskompetenz hat, ordnet das Pferd sich unter.
Ist das Problem das Ergebnis einer nicht geklärten Leitungsfrage?

Denn: Wer nicht leitet, der leidet.
Oder: Wer nicht leitet, wird geleitet.

Lernt der Mensch, eine gute »Leitungspersönlichkeit« zu werden, schließt das Pferd sich ihm gerne an.

Nur, wenn das Pferd dem Menschen vertraut, lässt es sich auch an Plätze schicken, zu denen es von alleine nie gegangen wäre.

V steht für Vertrauen.

Das Pferd als Fluchttier geht freiwillig kein Risiko ein. Will der Mensch, dass das Pferd ihm auch durch gefährliche Situationen folgt, muss er diesem Sicherheit und Orientierung bieten. Ist das Problem das Ergebnis einer nicht geklärten Vertrauensfrage?

Denn: Vertrauen ist akzeptierte Abhängigkeit!

Klare Ansagen und eine eindeutige Kommunikation sind Voraussetzungen dafür, dass Mensch und Pferd zu einer guten Partnerschaft kommen.

S steht für System.

Wir Menschen haben eine Menge Ideen, was das Pferd lernen soll. Aber wie mache ich ihm klar, was ich gerade von ihm möchte. Wie sag ich's meinem Pferd? Ist das Problem eine Verständigungsfrage?

Denn: Dein Pferd lernt immer, entweder das Richtige oder das Falsche, es lernt nie nichts.

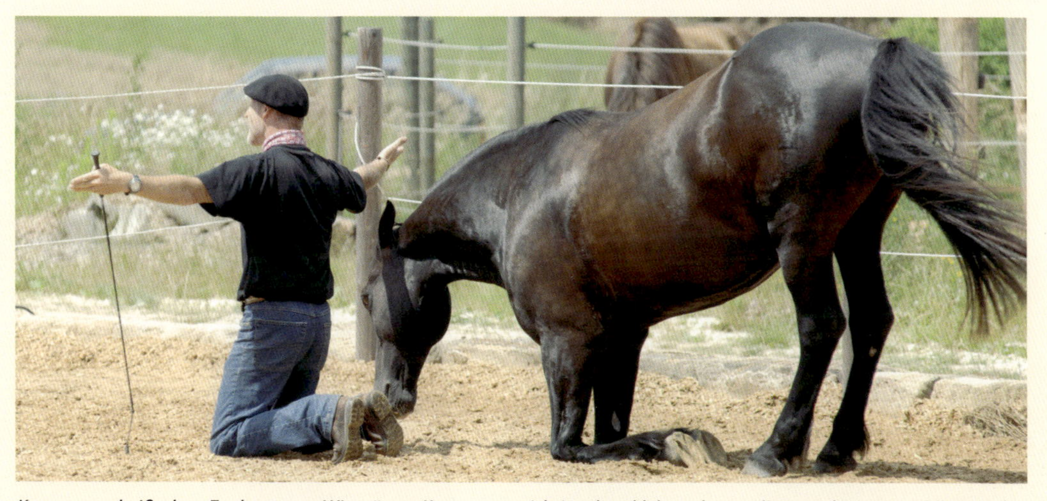

Konsequenz heißt das »Zauberwort«. Wir müssen Konsequenz richtiggehend leben, dann gelingt auch ein gutes Miteinander.

K steht für Konsequenz.

Dem Pferd kann ich nichts mit Worten erklären, ich muss es Erfahrungen machen lassen. Positive dort, wo es das tut, was ich möchte. Negative, wo es das tut, was ich nicht möchte. Nur in der konsequenten Anwendung von »Ja« und »Nein« lernt es, verlässlich die Dinge umzusetzen. Ist das Problem ein Ergebnis von nicht gelebter Konsequenz?

Denn: Konsequenz ist das Mittel zum wirklichen Erfolg.

1. Vom Longieren

Longieren ist eine sinnvolle Sache. Man kann ein Pferd dabei sehr schön bewegen und gymnastizieren. Longiert wird gerne von Reitern, die ihre Pferde in Boxen halten, denn sie können damit den durch diese Haltung bedingten Bewegungsstau vor dem Reiten abbauen.

Longiert wird aus den unterschiedlichsten Gründen und mit den verschiedensten Techniken. Doch eins haben alle Techniken gemeinsam: Das Pferd geht immer im Kreis.

Vor einiger Zeit besuchte ich eine Veranstaltung in einem altehrwürdigen Reitinstitut. In das Programm eingegliedert war der Auftritt einer Dame, die ihr Pferd longierte. Sie trug eine schmucke grüne Uniform und ein steifes, melo-

Der Kontaktstock ist ein mögliches Hilfsmittel, das beim Longieren eingesetzt werden kann. Er besteht aus einem Glasfiberstab mit einem etwa zwei Meter langen und sechs Millimeter dicken Schlag.

Auch wenn ich selbst auf den Bildern keine Handschuhe an habe, rate ich dazu, bei der Bodenarbeit stets welche zu tragen.

nenartiges Hütchen. In der einen Hand hielt sie die Longe, in der anderen führte sie eine lange Peitsche, die in ihren Ausmaßen eher an eine Angel zum Hochsee-Fischen erinnerte. Dabei rührte sie sich nicht vom Fleck. Ging das Pferd links herum, war es ihr linkes Bein, auf dem sie sich drehte. Mit dem Absatz ihres Schuhs »schraubte« sie sich dabei regelrecht in den Hallenboden, als hätte man sie am Boden fixiert. Mit dem rechten Bein schob sie ihren Körper im Kreis herum. Auf der anderen Hand, arbeitete sie mit dem Pferd entsprechend. Dabei verzog sie keine Miene. Ihre Bewegungen wirkten eckig und steif, ja irgendwie hölzern und erinnerten an einen Zinnsoldaten, der sich auf dem Deckel einer Spieldose im Kreis dreht. Ihr Pferd war ausgebunden und die Longe in den Trensenring eingeschnallt. Mit dieser Vorstellung konnte ich nichts anfangen. So stelle ich mir die Arbeit an der Longe nicht vor.

Knotenhalfter und Arbeitsseil sind prima dafür geeignet, um mit einem Pferd auf Distanz zu kommunizieren. Die Knoten des Halfters sitzen an sensiblen Punkten am Pferdekopf, daher muss man nur leicht einwirken, um eine Reaktion des Pferdes zu erhalten. Das dicke, lange Arbeitsseil ist schön griffig und macht ein gutes Kontrollieren möglich.

1. Vorab ein paar Gedanken zum Thema Longieren

Um ein Pferd beim Longieren besser in Stellung arbeiten zu können, empfiehlt sich ein Kappzaum in Verbindung mit einer einfachen Longe. Hier eine spanische Variante, wobei das Nasenteil mit Leder gut abgepolstert ist, um Verletzungen zu vermeiden.

Andere statten ihr Pferd beim Longieren nur mit einem einfachen Knotenhalfter aus. Als Longe setzen sie ein dickes Arbeitsseil ein, vergleichbar mit den Tauen, die man beim Segeln verwendet. Dabei lassen auch sie ihr Pferd »Kreise laufen«, gehen aber meist selbst in einem kleineren Kreis mit. Immer wieder schicken sie ihr Pferd eine Strecke geradeaus und gehen parallel zu ihm mit. Dann wenden sie wieder auf mehr oder weniger große Zirkel ab, lassen das Pferd viele Handwechsel machen und selten mehr als drei Runden auf einem gleichgroßen Zirkel gehen. Auf diese Weise spielen sie alle drei Gangarten durch, das Pferd wird zwischendurch immer wieder durchpariert und auch mal rückwärts gerichtet.

Über Sinn und Zweck des Longierens kann man unterschiedlicher Meinung sein.

Über Sinn und Zweck des Longierens kann man streiten. Der Eine tut es, um seinem Pferd wie gesagt den Stallmut abzujagen. Dabei hat das Ganze dann oft nichts mit Kommunikation, geschweige denn mit Gymnastizierung zu tun. (Von der Verletzungsgefahr mal ganz abgesehen ...) Der Andere setzt das Longieren ganz bewusst ein, eben als Mittel zum feinen Kommunizieren. Durch das Fordern von unterschiedlichen Bewegungsabläufen, gebogenen Linien und Gangartenwechseln versucht er, sein Pferd immer durchlässiger und geschmeidiger zu machen. So fördert er dessen Körper und Geist.

Diese Art des Longen-Trainings macht aus meiner Sicht mehr Sinn. Für mich gilt dennoch: Jeder muss selbst herausfinden, was ihm am sinnvollsten erscheint und womit er am Besten arbeiten kann.

Auch über die zu verwendenden Hilfsmittel kam man unterschiedlicher Meinung sein: der Eine liebt die gute alte Longe und die dazugehörende lange Longierpeitsche; der Andere setzt auf die Arbeit mit einem langen Arbeitsseil, kommuniziert viel über Körpersprache, nutzt das Seilende oder einen sogenannten Kontaktstock als unterstützendes Hilfsmittel.

Was ich nicht für gut heißen kann ist, wenn die Longe dem Pferd direkt in das Trensengebiss eingehakt wird. Die so verschnallte Longe hängt dem Pferd »schwer am Maul«, das Gebiss drückt verstärkt auf die Zunge und die Laden, was unweigerlich zu Schmerzen führt. Ist das Pferd dazu noch unruhig, beginnt die Longe zu schlingern oder sogar zu schlagen und verursacht zusätzlich unangenehme Einwirkungen im Maulbereich. Ein so longiertes Pferd lässt sich nur schwerlich los. Es wird versuchen, sich vor diesen schmerzhaften Einwirkungen zu schützen, indem es Abwehrmechanismen aufbaut. Es wird abstumpfen.

Ich lehne es ebenfalls ab, mit Hilfszügeln zu longieren – wie z.B. Ausbindern oder Ähnlichem. Auch das fördert keine Losgelassenheit und verhindert, je nach Art des verwendeten Hilfszügels, eine seitliche Stellung im Hals.

Ich longiere wie gesagt Pferde gerne am Knotenhalfter, wobei ich mit diesem Ausrüstungsgegenstand dann an meine Grenzen komme, wenn ich das Pferd fein stellen und gut gymnastizieren möchte. Hier empfiehlt sich eher der Einsatz eines leichten Kappzaums. Mit diesem kann ich das Pferd »an der Nase packen«, ihm eine korrekte Stellung anweisen und somit gut in Biegung longieren. Außerdem wird durch den Kappzaum das Pferdemaul geschont. Das wirkt sich später auch auf die feine Kommunikation beim Reiten aus.

Auch so kann man longieren. Eine andere Art von »Dual-Aktivierung« ... Hat jedes Pferd unabhängig voneinander gelernt, seinen »Job« zu machen, kann man es auch mal miteinander probieren. Das erhöht die Anforderungen und macht viel Spaß.

2. Quer im Kreisverkehr – Amigo stellt sich beim Longieren immer quer und läuft dann nicht

Problemstellung

Man kann über die unterschiedlichen Arten zu longieren lange philosophieren, aber was nützt das, wenn ich mein Pferd erst gar nicht auf die »Umlaufbahn« bekomme.
So ging es Karin. Ihr Spanierwallach Amigo war ein »ausgebuffter Hund«. Immer, wenn sie ihn longieren wollte, stellte der Kerl sich einfach quer. Nicht dass er Karin gegenüber aggressiv geworden wäre. Nein, er hatte einfach herausgefunden: »Wenn ich mich quer hinstelle, dann muss ich nicht auf der Kreislinie laufen.«
Da Karin gelernt hatte, dass der »Motor« des Pferdes hinten sitzt und man auf die Hinterhand des Pferdes einwirken muss, um es in Gang zu bekommen, war sie eisern bestrebt, dieses Körperteil mit ihrer Longierpeitsche zu erreichen. So sehr sie sich auch bemühte: Immer, wenn sie Amigo mit der Peitsche an der Hinterhand antreiben wollte, nahm dieser einfach seine Hinterhand zur Seite. Wollte sie die Hinterhand erreichen, blieb ihr nichts anderes übrig, als ihr nachzulaufen. Für Karin wurde das Longieren zu einer sportlichen Herausforderung. Sie umkreiste Amigo im verzweifelten Bemühen, an dessen Hinterhand zu gelangen. Kurzum: Karin wurde von Amigo »longiert«.

Lösungsvorschlag

Eigentlich ist es logisch, dass ein Pferd mit seiner Hinterhand zur Seite tritt, wenn man seitlich darauf einwirkt. Das hat es die Natur so gelehrt.

Steuert ein ranghöheres Tier die Hinterhand eines rangniedrigen seitlich an, ist es dessen Verpflichtung zu weichen.

Würde es das nicht tun, müsste es mit Sanktionen rechnen. Nichts anderes tat Amigo. Aus diesem Grund wäre es nicht fair, ihm allein die Schuld für das Problem zu geben, denn aus seiner Sicht hatte er seinen »Job« richtig gemacht.
Hier lag ganz einfach ein Missverständnis vor. Karin hatte nach bestem Wissen gehandelt und schon das richtige Körperteil für die Vorwärtsbewegung angesprochen, aber eben von der falschen Seite und zum falschen Zeitpunkt.

Will ich ein Pferd auf die Zirkellinie hinausschicken, muss es die Vorhand sein, die ich zuerst anspreche.

Bei der Kommunikation mit Pferden geht es immer darum, dem Pferd einen Rahmen zu setzen. Dieser Rahmen hat verschiedene »Türen«. Durch geschicktes Öffnen und Schließen einzelner Türen wird dem Pferd eine Bewegungsrichtung vorgegeben. Die Bewegung wird kanalisiert. Das ist so bei jeglicher Form der Bodenarbeit, beim Reiten oder Fahren, ja sogar bei zirzensischen Lektionen.

Nehmen wir einmal an, Karin möchte ihr Pferd auf der linken Hand longieren. Sie befindet sich in der Mitte des Zirkels und steht links neben ihrem Pferd in Höhe seines Kopfes. Die Longe hat sie so geordnet, dass sie in großen Schlaufen in ihrer linken Hand liegt. In ihrer rechten Hand hält sie die Longierpeitsche.

So geht sie vor: Als Erstes schaut sie Amigo auffordernd an und blickt dann in die Richtung, in die das Pferd gehen soll – nämlich nach links. Als Nächstes zeigt sie mit der linken Hand in diese Richtung. Natürlich kennt Amigo dieses feinen Zeichen noch nicht und wird zunächst nicht darauf reagieren. Jetzt wird die rechte Hand aktiv. Durch rhythmische Einwirkung auf den Hals ihres Pferdes, zunächst ganz sanft, dann direkter, sollte sie Amigo von sich weg nach rechts außen schicken können. Auch hierbei ist es zunächst ein leichtes Touchieren, welches im Bedarfsfall bis zu einem deutlicheren Klopfen verstärkt wird. Die Einwirkung wird ausgesetzt, sobald das Pferd weicht und sich in die gewünschte Richtung bewegt. Das wertet das Pferd als Erfolgserlebnis und ist gleichzeitig eine Bestätigung für die richtige Reaktion.

Wird Karin in Zukunft immer in dieser Reihenfolge vorgehen, wird Amigo lernen, sich bald auf bloße Blick- oder Richtungszeichen in Bewegung zu setzen.

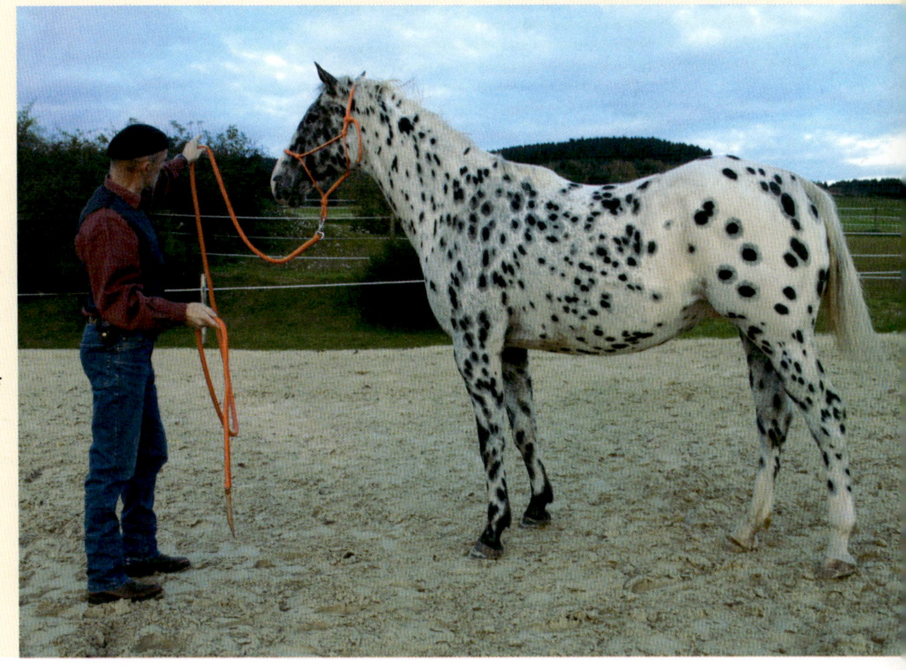

Der Appalossa-Wallach Pie soll auf die Kreisbahn geschickt werden. So wenig wie möglich, aber so viel wie nötig heißt hier die Strategie. Das Pferd bekommt zunächst mit ganz feinen Blick- und Zeigesignalen den Weg gezeigt. Natürlich wird ein ungeschultes Pferd hierauf noch nicht reagieren. Ich muss mit feinen Signalen arbeiten, sonst werde ich bei meinem Pferd nie zu einer entsprechenden Kommunikation kommen.

2. Quer im Kreisverkehr

Nun kommt der »Seilpropeller« um Einsatz. Pie hat auf die feinen Zeichen nicht reagiert, also muss ich etwas deutlicher werden. Mit eindeutigen Bewegungen lasse ich das Seilende Richtung Pferdehals rotieren.

Nachdem Pie auch hierauf nicht ausreichend reagiert hat, beginne ich damit, das Seilende hochtouriger kreisen zu lassen. Gegebenenfalls muss ich auch die Lederklatsche mal mit etwas Nachdruck auf seinem Hals aufkommen lassen. Der Einsatz zeigt Wirkung.

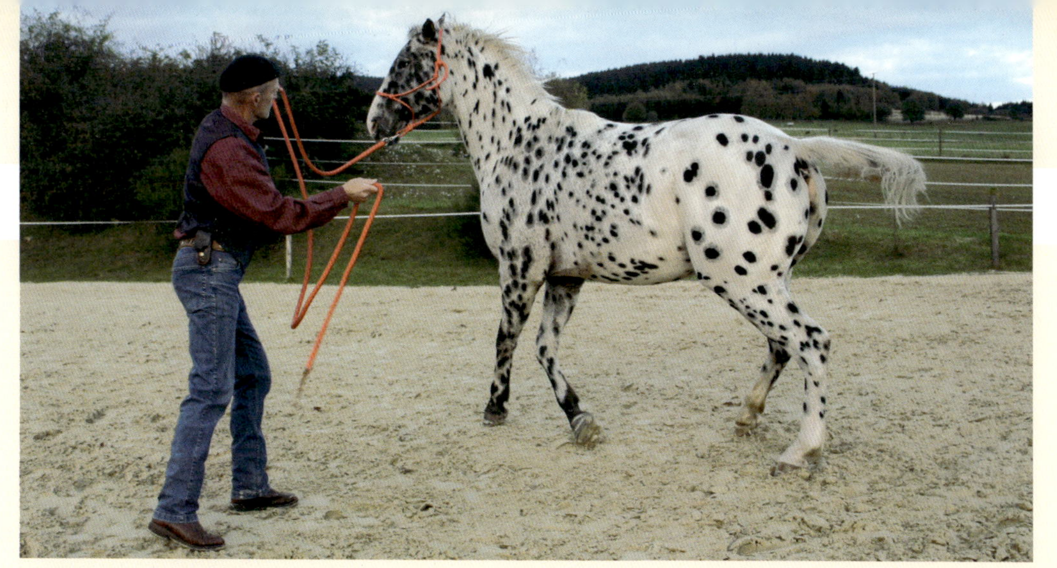

Man kann nun deutlich beobachten, wie Pie nach außen weicht und sich dabei vorwärts seitwärts in die von mir angegebene Richtung bewegt.

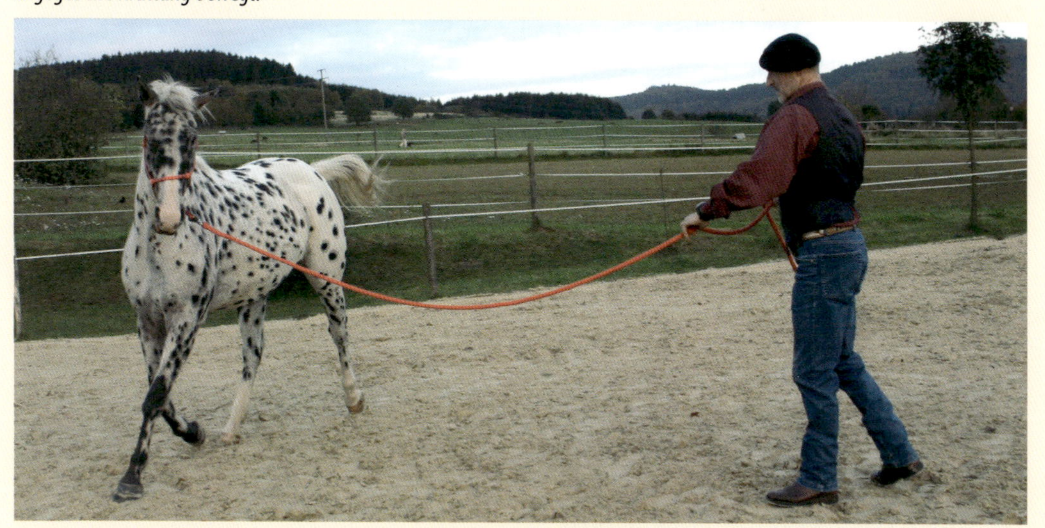

In einer schönen Manier und voll bei der Sache setzt Pie nun die ihm aufgetragene Aufgabe um.

Nun bitte ein wenig mehr Aktion. Ich möchte Pie verstärkt nach vorne schicken. Dabei wirke ich direkt hinter ihm ein. Würde ich versuchen, seitlich auf dessen Hinterhand einzuwirken, könnte es sein, dass er sich erneut quer stellt.

Wie bei jeder guten Pferdeausbildung gilt auch hier: so wenig wie möglich, aber so viel wie nötig. Biete ich dem Pferd keine feine Einwirkung an, lernt es nicht, fein zu reagieren. Erhalte ich auf meine Einwirkung keine Reaktion, muss ich diese so weit verstärken, bis das Pferd reagiert. Nur das, was ich bekomme, kann ich auch bestätigen.

Ein Pferd lernt praktisch immer. Lernt Amigo nicht, sich auf die entsprechende Aufforderung hin in die gewünschte Richtung zu bewegen, lernt er, dass er seinen Menschen nicht ernst zu nehmen braucht. Er lernt, dass er geforderte Dinge nicht umsetzen muss. Das ist oft der erste Schritt zu Respektlosigkeit.

Zurück zu Karin. Durch Karins Einwirken auf Amigos Schulter bzw. Hals ist er nun nach rechts außen gewichen und hat sich der Zirkellinie genähert. Natürlich muss Karin jetzt darauf achten, dass sie ihrem Pferd genügend Longe gibt, damit es überhaupt auf die geforderte Distanz gehen kann. In den meisten Fällen bewegen sich auf diese Weise weggeschickte Pferde nicht nur seitwärts, sondern gehen dabei gleichzeitig auch vorwärts. So gelangen sie auf die richtige »Umlaufbahn«.

Immer, wenn das Pferd in der gewünschten Weise reagiert, wird die Einwirkung beendet.

Das Pferd soll lernen, eigenverantwortlich die angegebenen Aufgaben zu erledigen, ohne permanent getrieben zu werden.

Hat das Pferd durch seitliches Weichen die Zirkellinie erreicht, geht dabei aber nicht oder in nicht ausreichender Weise vorwärts, muss die vorwärtstreibende Hilfe hinter dem Pferd eingesetzt werden. **So wird es von hinten nach vorne »durch die geöffnete Vordertüre« geschickt.**

Benutzt Karin bei dieser »Wegschicktechnik« eine normale Longierpeitsche, kann sich diese mitunter als etwas hinderlich erweisen. Durch ihre Länge ist sie eher für die Kommunikation auf größere Distanz vorgesehen. Hier muss sie sehen, wie sie sich mit dieser arrangieren kann. Grundsätzlich gilt: Ein Pferd auf die Zirkellinie rausschicken zu können, ist der erste Schritt zum Longieren.

Anstatt einer Longierpeitsche benutze ich zum Longieren lieber ein langes Arbeitsseil. Mit ihm kann ich das Pferd im Konfliktfall gezielter kontrollieren, weil ich besser zufassen kann. Das Seilende kann ich dabei als »Propeller« einsetzen und so auf das Pferd treibend einwirken. Das hat seine Vorteile, wenn ich das Pferd dicht bei mir habe. Allerdings komme ich bei der Kommunikation auf größere Distanzen an meine Grenzen.

Ein Kompromiss ist der Kontaktstock. Dieser ist kürzer als eine gewöhnliche Longierpeitsche, eignet sich somit besser für den Einsatz bei geringerer Distanz. Durch den langen Schlag habe ich trotzdem die Möglichkeit, auch auf ein Pferd erfolgreich einzuwirken, das sich in größerer Entfernung von mir befindet.

Eine weitere Möglichkeit ist die Verwendung einer Bogenpeitsche, wie wir sie aus dem Fahrsport kennen.

Noch einmal das gleiche Thema. Dieses Mal verwende ich aber eine Bogenpeitsche, wie sie gerne im Fahrsport eingesetzt wird. Ich deute auch hier zunächst nur auf das Körperteil, das ich zum Weichen bringen möchte.

Da Pie nicht reagiert, muss ich deutlicher werden. Ich beginne, den Schlag der Peitsche propellerartig in Richtung Pferdehals rotieren zu lassen, dann touchiere ich die Stelle leicht.

Das zeigt Erfolg, er reagiert und setzt sich in die gewünschte Richtung in Bewegung.

3. Fjordi bricht beim Longieren aus und zieht mich hinter sich her

Grundlage für meine Ausführungen ist das Schreiben einer Reiterin, die bei mir Rat suchte.

Problemstellung

Lieber Herr Pfister,
vor ein paar Wochen hatte ich Sie schon einmal angeschrieben und mich nach einem geeigneten Kurs für mich und mein Pferd erkundigt. Nach langem Überlegen bin ich mir nicht sicher, ob sich unser Problem überhaupt im Rahmen eines Kurses lösen lässt.
Ich habe mein Pferd vor vier Jahren gekauft. Es wurde vom Vorbesitzer schlecht behandelt. Dadurch hat es gelernt, sich mit Kraft zu wehren. Es ist sich seiner Stärke voll bewusst.
Ich habe mit ihm viel am Boden gearbeitet, dadurch wurde der Umgang mit ihm auch immer besser. Ich dachte, es hätte mich als Führungsautorität anerkannt. Dann begann es aber, mich zu »provozieren«, was mir zunächst gar nicht bewusst war. Es wollte seine alte Chef-Position wiederhaben. Das hat es mittlerweile auch geschafft. Jetzt sind die alten Probleme wieder da. Passt meinem Pferd nicht, was ich von ihm verlange, dann geht es einfach. Im Moment kann ich es eigentlich nur noch im Schritt reiten. Am Boden funktioniert nur noch ein Bruchteil von dem, was es früher konnte. Beim Longieren geht gar nichts mehr, es nimmt einfach den Kopf nach außen, rennt los und zieht mich hinter sich her. Zum Galoppieren hat es keine Lust, es lässt sich nicht kontrollieren und beginnt zu buckeln.
Mittlerweile ist mir ziemlich unwohl bei seinen Attacken, und ich versuche, möglichst alles zu vermeiden, was diese auslösen könnte. Es rennt mich nicht um, aber es findet immer einen Weg, sich mir zu entziehen. Besonders belastet mich, dass es sich nicht longieren lässt.
Ich bin verzweifelt. Was kann ich tun?
Mit freundlichen Grüßen
Natascha M.

Ich hatte Natascha seinerzeit zu dem Besuch eines Horsemanship Grundkurses geraten und sie ermutigt, trotz ihrer Bedenken zu kommen. In diesem Kurs lernt man, wie man eine **Leitungspersönlichkeit** wird. Was überhaupt Pferdeausbildung bedeutet. Wie eine naturorientierte Kommunikation mit Pferden aussieht. Wie ich das Vertrauen meines Vierbeiners gewinnen kann. Wie Pferde lernen und warum Konsequenz im Umgang mit ihnen so wichtig ist. Kurz: Es geht um die Spielregeln der Natur. Dabei arbeiten wir an einer Vielzahl einzelner Lektionen oder Bausteinen, die alle dazu dienen, ein gutes Fundament für eine harmonische Partnerschaft mit dem Pferd zu erhalten. Grundlage sind die vier Säulen: Autorität, Vertrauen, System und Konsequenz.

Natascha kam letztlich doch mitsamt ihrem Pferd zum Kurs. Ihr »Fjordi« war ein kleiner, sympathischer, aber etwas schlitzohriger Norwegerwallach. Er tat keinem etwas zu Leide, hatte aber durchaus seine eigene Vorstellung vom Leben.

Was ihm fehlte waren klare Angaben und eine sichere Orientierung. Ein Pferd muss wissen, wo es dran ist. Es will sich an einem Ranghöheren orientieren. Hat sein Gegenüber ihm nichts zu bieten, egal ob Mensch oder Pferd, nimmt es sein Schicksal lieber selbst in die Hand. Schließlich ist es ein Fluchttier und wenn der Andere nicht genug Stärke zeigt, um es sicher durchs Leben zu führen, muss es für sich selbst sorgen. So einfach ist das.

Lösungsansatz

Die Horsemanship-Übungen aus dem Kurs taten Fjordi gut. Endlich bekam er klare Aufgaben und deutliche Befehle. Gerne nahm er diese Lektionen an. Es war ja nicht so, dass er sich nicht unterordnen wollte ...

Aber: Unklare oder gar widersprüchliche Angaben schaffen kein Vertrauen. Denn Vertrauen ist nicht etwas, was man einfach so geschenkt bekommt, dazu ist das Leben zu gefährlich.
Man muss es sich verdienen. Die Grundlage dazu ist eine klare Leitungskompetenz des Anderen.

Fjordi wurde immer kooperativer, endlich wurde er verstanden.

Der erste Kurstag verlief unproblematisch und zufriedenstellend für Natascha. Am zweiten Tag stand neben anderen Übungen auch das Longieren auf dem Plan. Hier hatte sie allerdings starke Vorbehalte und wollte es nicht selbst versuchen. Ich übernahm diese Aufgabe.

Longiert wird in diesen Horsemanship-Kursen nicht im herkömmlichen Sinn mit Longe und Longierpeitsche. Hier ist es eher ein Schicken des Pferdes mit Hilfe von Knotenhalfter und Arbeitsseil, so wie ich es im ersten Kapitel bereits angesprochen habe. Dabei schicke ich das Pferd zunächst im Zirkel um mich herum. Hat das Pferd die Hilfen verstanden, kann ich diese Technik auch nutzen, um es über Hindernisse, durch Engpässe, unter Planen hindurch oder vielleicht sogar in den Hänger zu schicken.

3. Fjordi bricht beim Longieren aus und zieht mich hinter sich her

Longiere ich ein Pferd am Knotenhalfter, ist es bei einem »Ausbrecher« von Vorteil, den Haken des Arbeitsseils am Nasenstück des Halfters zu befestigen. So kann ich ihn »an der Nase fassen« und besser kontrollieren.

Mit dieser »Anbindung an der Nase« kann ich das Pferd nicht nur erfolgreicher kontrollieren, es läuft auch besser in Stellung, was wiederum den gymnastizierenden Wert der Aufgabe erhöht.

Arbeite ich mit einem Sidepull, kann ich damit den gleichen Effekt erzielen. Der Karabiner der Longe wird auch hier einfach ins Nasenteil eingehängt.

Das Knotenhalfter gibt mir dabei durch seine Beschaffenheit eine gute Möglichkeit, das Pferd zu kontrollieren. Es ist aus einem sechs Millimeter dicken Seil geknotet, das sehr leicht, aber trotzdem extrem reißfest ist. Bedingt durch seine geringe Materialstärke, teilweise auch durch die Knoten, die punktuell auf den Pferdkopf wirken, komme ich mit meinen Ansagen recht gut durch.

Benutze ich dabei noch das zu diesem System gehörende 16 Millimeter dicke und etwa vier Meter lange Arbeitsseil, kann ich gut »zupacken« Das erhöht meine Kontrollmöglichkeit noch zusätzlich. Damit habe ich ein gutes Equipment, das sehr vielseitig bei der Bodenarbeit einsetzbar ist. Arbeitsseil und Halfter sind über die Kinnschlaufe des Halfters miteinander verbunden.

Im Laufe vieler Jahre Arbeit mit Pferden habe ich immer wieder mal solche erlebt, die sich auch mit diesem Equipment nicht halten ließen. Sie hatten sich eine besondere Technik angeeignet, mit deren Hilfe sie sich regelmäßig vor unerwünschten Anfragen entzogen. Je mehr Erfolg sie damit hatten, umso mehr wurden sie in ihrem unerwünschten Verhalten bestätigt.

Erfolg motiviert! Ein Pferd lernt das, womit es Erfolg hat. Nur schade, wenn es immer wieder an der falschen Stelle Erfolg hat. Problempferde werden nicht als solche geboren, sondern dazu »ausgebildet« – durch diesen Erfolg an der falschen Stelle.

Nach Nataschas Schilderungen war auch Fjordi solch ein Kandidat. Seine Technik bestand darin, den Kopf etwas seitlich nach außen zu stellen, sich im Hals festzumachen und einfach loszurennen. Der Mensch gerät dabei in eine ungünstige Position, die es ihm nicht möglich macht, den Hals des Pferdes nach innen einzustellen. Es entfällt ein wichtiger Kontrollmechanismus. Dieser ganze Vorgang wird dadurch noch begünstigt, dass das Arbeitsseil unter dem Kinn des Pferdes befestigt ist. Günstiger wäre es, das Pferd »an der Nase zu fassen«. Dadurch ist ein Stellen sehr viel einfacher möglich, was die Kontrollfähigkeit um ein Vielfaches erhöht.

Meist genügt es in solchen Fällen, den Haken des Arbeitsseiles nicht an der Kinnschlaufe, sondern am Nasenband des Halfters einzuhängen. Dadurch habe ich eine wesentlich bessere Einwirkung auf die Pferdenase und somit auf das ganze Pferd. Möchte ich einen Handwechsel machen, kann der Haken am Nasenband entlang auf die andere Nasenseite des Pferdes gleiten. Um es gar nicht erst zu großen Diskussionen mit Fjordi kommen zu lassen, brachte ich von vorneherein das Seil in dieser Weise am Halfter an. Wie im Kapitel zuvor beschrieben, schickte ich ihn auf den Longierzirkel. Einige Male versuchte er auszubrechen, ich konnte dem aber leicht durch die oben beschriebene Verschnallung entgegenwirken. Nach einigen Runden lief er locker am Seil um mich herum und war zufrieden, dass er seinen Rahmen gefunden hatte. Er hatte gar nicht mehr das Bedürfnis, auszubrechen.

Anschließend übergab ich Natascha das Seil und siehe da, auch bei ihr funktionierte es wunderbar. Bis heute erhalte ich in unregelmäßigen Abständen immer mal Rückmeldungen von Natascha. Das veränderte Verhalten von Fjordi war kein Zufall, sondern hat sich als Dauerzustand manifestiert. Heute hat Natascha das Pferd, von dem sie immer geträumt hatte. Sie sind mittlerweile ein tolles Team. Dazu gehört aber auch, dass der Mensch die Spielregeln im Umgang mit Pferden mit in den Alltag nimmt und sie dort auch konsequent umsetzt.

Allerdings hatte ich auch mit anderen Pferden zu tun, bei denen die oben beschriebene Vorgehensweise nicht ausreichte. Ich erinnere mich an eine Haflingerstute, die diese Technik stets anwendete, wenn sie verladen werden sollte. Sie stelle einfach den Kopf nach außen und rannte los. Ich hing wie ein Fähnlein im Winde am hinteren Ende des Seils und versuchte, mit ihr Schritt zu halten, um sie in einem geeigneten Augenblick doch noch bremsen zu können. Ich hatte keine Chance! Nach ein paar hundert Meter musste ich den Strick loslassen. Selten hatte man mich so schnell laufen gesehen ...

Einige Male praktizierte sie diesen Vorgang mit Erfolg, dann rüstete ich um. Statt des Knotenhalfters legte ich ihr einen wenig gepolsterten Kappzaum an. Ein kleines »Klingeln« und ein kurzer Ruck am Führseil genügten, um ihr die Aussichtslosigkeit ihres Unterfangens klar zu machen – schwupp war sie im Hänger.

Ein anderes Mal war es eine Welsh-Cob-Stute, die beim Longieren die gleiche Vorgehensweise praktizierte. Das Fiese war, dass sie dabei auch noch mit den Hinterbeinen nach mir kickte. Sie traf mich sehr schmerzhaft am Oberschenkel. Auch sie »kurierte« ich mit Hilfe des Kappzaumes.

So gibt es immer wieder Pferde, bei denen herkömmliche Mittel nicht ausreichen. Oft ist man dann gezwungen, zu »deutlicheren Mitteln« zu greifen. Das sollten aber Ausnahmen bleiben und sie sollten nur so lange eingesetzt werden, bis der akute Missstand behoben und die Situation geklärt ist.

Auch Handwechsel lassen sich so ganz einfach durchführen. Dabei ist es allerdings von Vorteil, das Seil während dieses Vorgangs anzuheben, damit es problemlos am Nasenstück entlang auf die andere Kopfseite gleiten kann, ohne sich unter dem Kinn des Pferdes zu verfangen.

Der Handwechsel ist vollzogen, das Pferd geht gut gestellt und kontrollierbar auf der anderen Hand. Der Karabiner befindet sich nun auf der neuen inneren Kopfseite.

4. Flucht an der Longe – Hilfe, mein Pferd lässt sich nicht durchparieren

Problemvorstellung

Leute mit sehr temperamentvollen oder hochblütigen Pferden haben manchmal das Problem, dass diese zwar wunderbar und schwungvoll an der Longe gehen, sich aber mitunter nicht mehr durchparieren lassen. Handelt es sich dann noch um gut mit Kraftfutter versorgte Boxenpferde mit einem entsprechenden Bewegungsbedürfnis, wird das ganze Problem noch einmal verstärkt. Diese Pferde laufen und laufen und laufen, sie hören einfach nicht hin, vielleicht haben sie es auch nie gelernt. Ist solch ein Fall eingetreten, hat das Longieren wenig mit Kommunikation zu tun, es ist eher eine geordnete Flucht im Kreis.

Lösungsvorschlag

Hier ist es dringend nötig, ein »Ausknöpfchen« einzubauen. Diese Pferde müssen lernen, sich in der Bewegungsrichtung nach vorne begrenzen oder stoppen zu lassen. Hierzu gibt es unterschiedliche Möglichkeiten.

Ich wähle meine Position beim Longieren so, dass das Pferd immer eine bestimmte Stelle passieren muss – die Reit-

Lässt sich ein Pferd an der Longe nicht durchparieren, kann ich es durch ein gezieltes Wegabschneiden dazu veranlassen. Dabei ist es allerdings hilfreich, die Begrenzung einer Bande oder eines Zauns zu nutzen.

platzbande, einen Zaun oder eine ähnliche Begrenzung. Hat sich das Pferd ein wenig eingelaufen, beginne ich mit der Lektion zum Halten. Dabei mache ich mir die äußere Begrenzung zunutze. Habe ich bisher in der Mitte des Zirkels gestanden, werde ich jetzt impulsartig, genau in dem Moment vor das Pferd treten, in dem es im Begriff ist, die Bande zu passieren. Ich schneide ihm praktisch den Weg ab. Arbeite ich mit einem Kontaktstock oder einer Longierpeitsche, kann ich diese Ausrüstungsgegenstände unterstützend mit einsetzen, indem ich sie wie eine Schranke vor das Pferd halte. Reagiert das Pferd nicht oder ungenügend, kann ich diese Hilfsmittel deutlich auf und ab bewegen, um es zu beeindrucken. Die Bande verhindert, dass es nach außen ausbrechen kann, um sich zu entziehen. Diesen Vorgang kann man mit einem akustischen Signal oder Kommando verknüpfen, wie »wow«, »steh«, »halt« oder »brrr«. Ich benutze dabei ein »Pst«, also einen Zischlaut. Diesen kann ich beliebig variieren, ihn kurz und hart ausstoßen, wenn ich das Pferd plötzlich stoppen möchte. Ich kann ihn ein wenig lang gezogen einsetzen als Kommando für das Durchparieren von einer Gangart in die nächst tiefere, dabei sage ich »Pssst«. Oder ich mache daraus ein lang gezogenes Signal wie »Pssssst«. Das bedeutet dann: »Mach mal ein wenig langsamer.« Es dient also zur Temporeduzierung innerhalb einer Gangart.

Das Interessante an dieser akustischen Einwirkung ist, dass sie sich immer auch als körpersprachliches Signal darstellt. Indem ich zischend Luft aus meinem Körper ablasse, entspanne ich mich je nach Intensität des Zischens. Ich kann meine Luft kurz und impulsiv oder eher weich und langsam ausstoßen. Automatisch kippt mein Becken dabei nach hinten ab.

Das Becken des Reiters ist ein ganz zentraler Bereich. Man spricht auch von der Körpermitte. Von hier werden wichtige Signale an das Pferd weitergegeben. So kann es darüber nicht nur gut differenzierte Informationen für das Longieren erhalten, sondern wird gleichzeitig auch auf die Kommunikation unter dem Sattel vorbereitet. So gearbeitete Pferde kann man später mit feinsten Hilfen durchparieren, ohne am Zügel ziehe zu müssen.

Sobald das Pferd durchpariert hat, entspanne ich mich und lasse es eine Pause machen.

Pausen sind wertvolle Hilfen bei der Pferdeausbildung, gerade wenn es darum geht, Neues zu lernen. Pausen geben dem Pferd sofort ein positives Feedback, also eine Belohnung durch Komfort und die nötige Zeit nachzudenken, neue Eindrücke zu verarbeiten und zu speichern. Beim Erarbeiten neuer Lektionen sind sie ein wichtiges Instrument, mit deren Hilfe wir dem Pferd von uns erwünschte Reaktionsweisen bestätigen können.

So werden Reflexbahnen beim Pferde angelegt, die durch häufiges Wiederholen immer gleicher Abläufe gefestigt und letztlich zu einem Automatismus werden. Ist ein Ablauf automatisiert, sind diese Pausen nicht mehr notwendig.

Soll das Pferd wieder antreten, richte ich mich im Körper auf, trete einen Schritt zur Seite in Richtung Zirkelmitte und gebe ihm somit den Weg frei. Gleichzeitig deute ich mit meiner Longierpeitsche, dem Kontaktstock oder einfach nur mit meinem Arm, je nachdem, womit ich arbeite, hinter die Hinterhand des Pferdes, um einen Impuls für das Antreten zu geben. Reagiert das Pferd nicht, muss ich das Signal lebhafter gestalten, bis es antritt. Auch hier kann ich

4. Flucht an der Longe – Hilfe, mein Pferd lässt sich nicht durchparieren

Hilfreich kann beim Durchparieren üben auch ein »Armverlängerer« sein. Dafür wird hier der Kontaktstock eingesetzt. Halte ich diesen im richtigen Augenblick vor das Pferd oder bewege ihn im Bedarfsfall deutlich auf und ab, wirkt er auf das Pferd wie eine Schranke.

Eine weitere Möglichkeit, das Pferd in seiner fluchtartigen Vorwärtsbewegung zu stoppen, ist ein heftiges Schütteln des Arbeitsseils oder der Longe. Dadurch werden Impulse auf den Pferdekopf übertragen, die das Pferd dazu veranlassen, sein Tempo zu reduzieren oder auch anzuhalten.

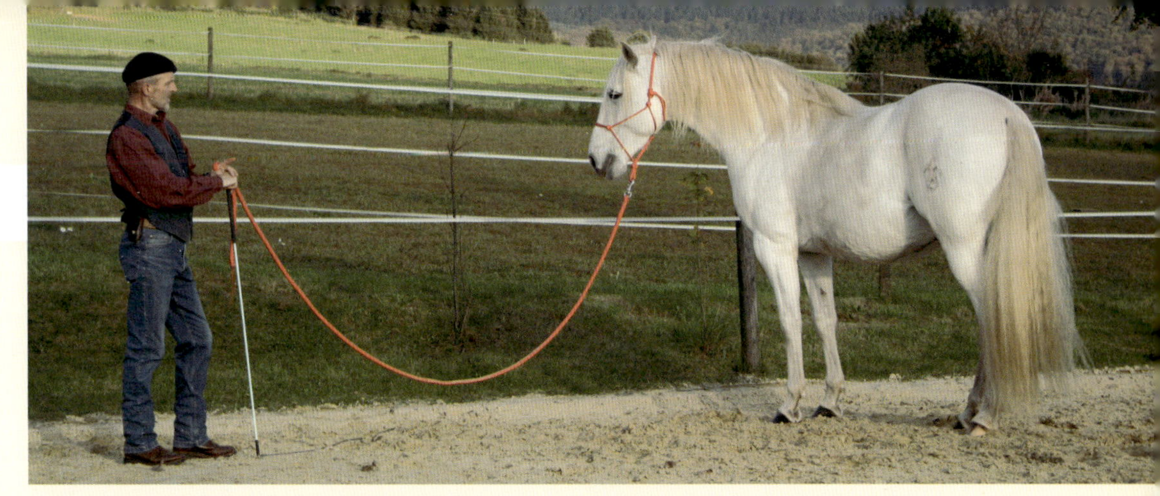

Hat das Pferd auf meine Einwirkung erfolgreich reagiert, erhält es augenblicklich eine Pause. Dabei wird jegliche Art von Einwirkung weggenommen. Ich entspanne mich und gewähre dem Pferd eine Komfortzeit. Das ist gleichzeitig eine »Denkpause« fürs Pferd, die ihm ermöglicht, das eben Erlebte zu speichern.

Nach entsprechender Zeit geht es weiter. Dabei ziehe ich mich wieder in Richtung Zirkelmittelpunkt zurück, mache dem Pferd quasi wieder den Weg frei. Ich deute hinter dessen Hinterhand, um es nach vorne antreten zu lassen.

wieder eine Verknüpfung mit einem akustischen Signal anwenden, wie ein aufmunterndes: »Auf«, »Schritt«, »Los« oder einen Zungenschnalzer. Sobald das Pferd antritt, nehme ich die Einwirkung weg.

Eine andere simple, aber meist recht effektive Möglichkeit ist es, das Pferd durch ein Schütteln der Longe oder des Arbeitsseiles nach rechts und links in seinem Vorwärtsdrang zu beeinflussen. Die so entstehenden wellenartigen Bewegungen übertragen sich über die Longe oder das Seil auf das Knotenhalfter oder den Kappzaum und somit auf den Pferdekopf. Dabei beginnt die Zäumung leicht, oder bei stärkerer Einwirkung auch deutlicher, auf der Nase des Pferdes hin und her zu tanzen. Durch diese Impulse wird das Pferd veranlasst, seinen Gang zu verlangsamen oder ganz durchzuparieren. Auch diese Vorgehensweise kann ich, wie oben beschrieben, mit einem akustischen Signal verknüpfen. Richtig erarbeitet kann ich diese »Seilschüttelmethode« sogar dazu benutzen, das Pferd rückwärts zu

Auch so kann ich ein Pferd an der Flucht nach vorne hindern: Ich ziehe es einfach sanft zu mir in die Zirkelmitte hinein. Das Pferd schaut noch ein wenig irritiert. Es weiß nicht recht, was von ihm in diesem Moment erwartet wird.

Jetzt hat es verstanden! Willig folgt es der Einladung in den Zirkel hinein. Dabei gehe ich bewusst rückwärts, um dem Pferd die Mitte des Zirkels frei zu machen.

Ich lasse das Pferd immer näher zu mir herankommen. Dabei versuche ich, mich zu entspannen und meinen direkten Blick vom Pferd abzuwenden.

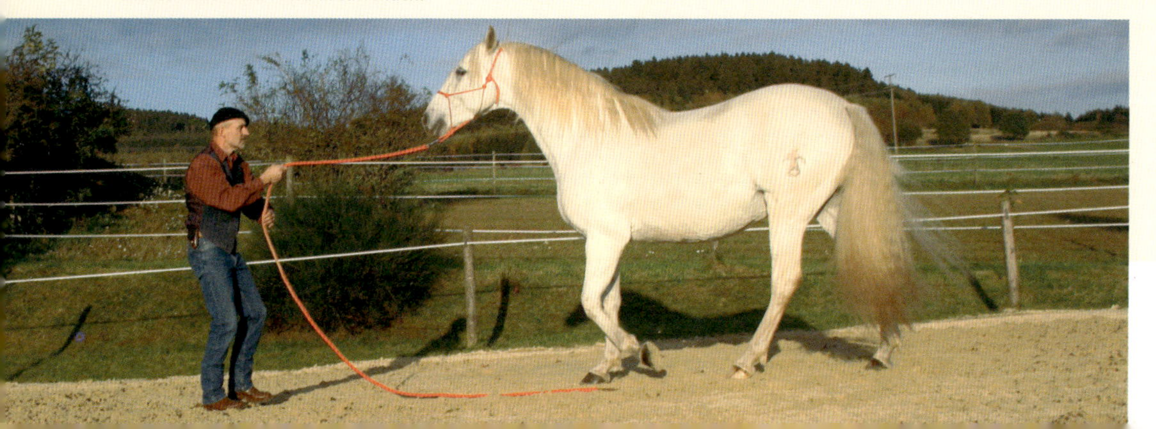

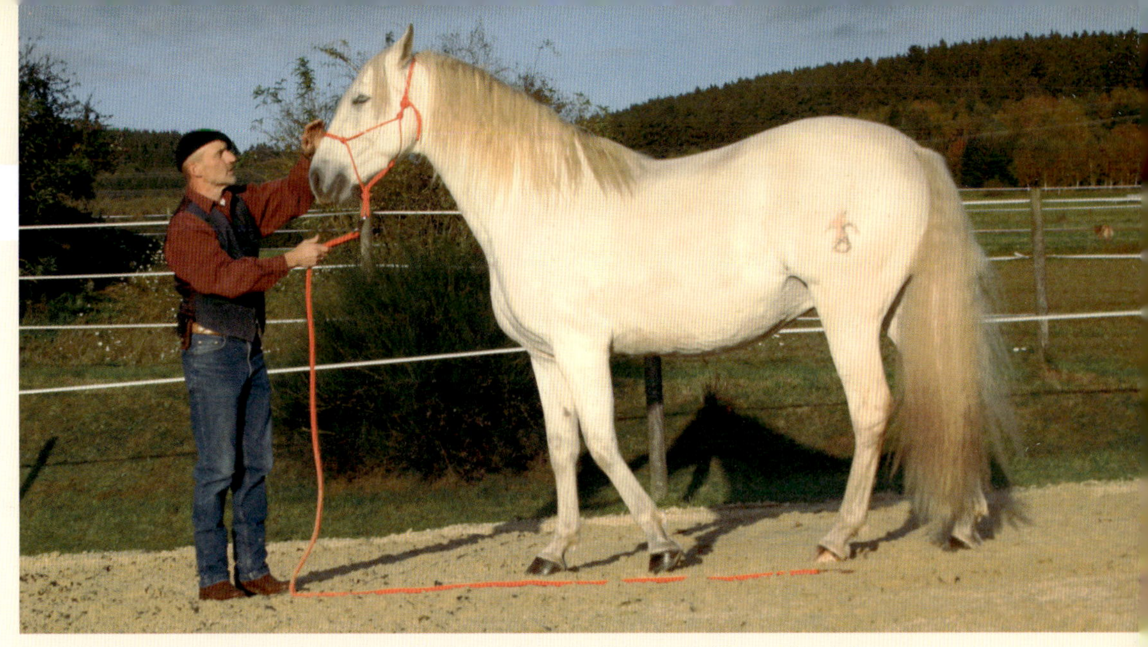

Nun ist der Schimmel in erreichbarer Nähe. Ich lasse ihn anhalten, streichle ihn zur Belohnung für sein Kommen und gewähre ihm eine Pause. Diese gilt wiederum gleichzeitig als Komfort-, aber auch als Denk- und Speicherzeit. Im nächsten Schritt lasse ich es »durch den Zirkel wechseln«.

richten. Der Vorgang ist der Gleiche. Ob ich möchte, dass ein Pferd langsamer wird, anhält oder rückwärts tritt – es handelt sich immer um einen Akt des »Rückwärtsdenkens«.

Eine dritte Methode besteht darin, das Pferd zu stoppen, indem ich es auffordere, zu mir in die Zirkelmitte zu kommen. Beim Longieren stehe ich in einer aufrechten, dem Pferd frontal zugewandten Körperhaltung und schaue es an. Will ich das Pferd nun dazu ermuntern, zu mir in die Mitte zu kommen, senke ich als Erstes meinen Kopf und wende meinen Blick von ihm ab. Gleichzeitig beginne ich mit deutlichen Armbewegungen, das Seil »einzuholen«, ähnlich wie das ein Fischer mit seinem Netz macht. Dabei stelle ich das Pferd frontal auf mich ein und ziehe es quasi zu mir hin. Währenddessen gehe ich rückwärts, um dem Pferd die Mitte des Zirkels frei zu machen, denn dort möchte ich es positionieren. Dabei kann ich ein einladendes akustisches Signal anwenden wie: »Hiiier«, »Koooomm« oder vielleicht sogar einen leisen Pfiff.

Lässt sich das Pferd in den Zirkel bitten, bekommt es viel Lob, eine schöne Stehpause und ordentlich Streicheleinheiten. Dadurch soll es animiert werden, gerne zu kommen, weil es etwas davon hat. Möchte ich mit der Arbeit fortfahren, kann ich diese Ausgangsposition nutzen, um gleich einen Handwechsel zu machen und das Pferd auf der anderen Hand wieder auf den Zirkel rauszuschicken. Dabei wende ich die im zweiten Kapitel beschriebene »Schick-Technik« an.

»Heiße« Pferde tendieren manchmal dazu, statt zu mir in den Zirkel zu kommen, einfach weiterzurennen. Durch das zunehmende Verkürzen des Arbeitsseiles oder der Longe, beginnen sie dann, in einer immer enger werdenden Spirale um mich herumzukreisen, bis sie endlich zum Stehen kommen müssen. Hier ist es sinnvoll, das Pferd zunächst über eine andere Vorgehensweise in den Schritt zu bekommen. Dann werde ich es auffordern, mir in die Zirkelmitte zu folgen, was im Schritt auch in der Regel ohne Probleme funktioniert. So kann ich im langsamen Tempo den Bewegungsablauf mit ihm einstudieren, um es danach wieder in einer schnelleren Gangart zu probieren.

Hier ist es wie bei allem: Übung bringt den Erfolg. Damit etwas wie selbstverständlich funktioniert, muss es automatisiert werden. Das wird es nur durch häufige Wiederholungen.

5. Schief geboren? Mein Pferd geht beim Longieren in einer starken Außenstellung und fällt über die innere Schulter in den Zirkel

Problemvorstellung

Jedes Pferd ist von Natur aus schief, man spricht hier von seiner natürlichen Schiefe. Auch bei uns Menschen ist die natürliche Schiefe erkennbar – wir sind entweder Links- oder Rechtshänder. Die meisten Menschen sind Rechtshänder und tun sich entsprechend schwer, wenn sie mit der linken Hand knifflige Dinge machen sollen. Versucht man als Rechtshänder mit der linken Hand zu schreiben, bekommt man meist kein einziges leserliches Wort hin. Versuchen Sie mal als Rechtshänder von der rechten Seite aufs Pferd zu steigen, sicher kommen Sie sich dabei vor wie ein »Bewegungslegastheniker«. Kaum ein Mensch kommt aber auf die Idee, an seiner persönlichen Schiefe oder Einseitigkeit etwas zu ändern.

Von unseren Pferden verlangen wir das allerdings. Nimmt jemand seine Reiterei ernst, gilt sein lebenslanger Kampf der Beseitigung der natürlichen Schiefe seines Pferdes. Geraderichten heißt das Ziel. Darunter versteht man, sein Pferd so zu trainieren, dass es sowohl auf seiner linken, als auch auf seiner rechten Hand gleich gut gymnastiziert und durchlässig ist. Für die natürliche Schiefe eines Pferdes soll angeblich seine Lage im Mutterleib verantwortlich sein. Dabei liegt der Embryo in einer seitlich gekrümmten Position, wodurch sich die Muskulatur auf der konvexen Seite länger ausbildet als auf der konkaven.

Bei der praktischen Arbeit stellt sich das folgendermaßen dar: Gehen wir einmal von einem links gebogenen Pferd aus. Von einem links gebogenen Pferd spricht man, wenn die linke Seite konkav, also nach innen gebogen und somit kürzer ist, als die rechte. Dabei fällt es dem Pferd relativ leicht, sich links herum auf einem Kreis zu bewegen, weil die natürliche Schiefe diese Bewegungsrichtung begünstigt. Es neigt eher ein wenig dazu, auf dieser Hand nach außen abzudriften, da es vermehrt Gewicht auf die rechte Schulter schiebt.

Soll das Pferd aber nun auf der rechten Hand gehen, wird es schwierig. In Folge seiner natürlichen Linksbiegung ist es jetzt wider die Bewegungsrichtung gebogen und gestellt. Dabei ist der Kopf in Außenstellung und auch die Hinterhand ist eher etwas nach außen gestellt. Dafür fällt die Schulter aber stark nach innen. Das Pferd bewältigt den

Rechtszirkel nicht, indem es gebogen auf der Zirkellinie vorwärts geht, sondern indem es permanent über die rechte Schulter nach innen fällt. Tendenziell wird dabei der Rechtszirkel immer enger. Je kleiner der Kreis ist, auf dem das Pferd gehen soll, umso gravierender wird das Problem.

Lösungsvorschlag

Zur Korrektur dieser Einseitigkeit ist es notwendig, das Pferd gut »an der Nase packen« zu können. Dabei empfiehlt es sich, es mit einem Kappzaum auszustatten. Nur mit diesem habe ich die Möglichkeit, meinem Pferd auch bei einer starken einseitigen Biegung eine gute Innenstellung nach der »schwierigen« Seite hin anweisen zu können. Außerdem brauche ich eine Bogenpeitsche, so wie man sie aus dem Fahrsport kennt. Die Longe wird in den mittleren Ring des Kappzaums, also genau über dem Nasenbein, eingeschnallt.

Meine Aufgabe bei der praktischen Arbeit ist es nun, das Pferd so zu trainieren, dass es lernt, sein Gewicht nach Bedarf auf beiden Schultern gleich gut zu verlagern. Es muss also ein »Umbauprozess« stattfinden, der die Dehnungsfähigkeit der linken Körperhälfte verbessert. Beim links gebogenen Pferd ist nicht die rechte Seite das Problem, sondern die linke. Durch ihre Verkürzung erhält das Pferd die typische Hohlbiegung nach links, die im Gegenzug das Biegen nach rechts wesentlich erschwert. Also werde ich mein Pferd in der Folgezeit tendenziell mehr auf der rechten Hand arbeiten müssen.

Mit Hilfe von Kappzaum und Longe bekommt Klötzchen eine gute Innenstellung angewiesen. Gleichzeitig wird er mit Hilfe einer Gerte dazu aufgefordert, sein Gewicht auf die äußere Schulter zu nehmen. Hier ist deutlich zu sehen, wie er mit dem inneren Vorderbein vor dem äußeren kreuzt, um in die geforderte Position zu kommen.

Willig folgt Klötzchen nun meinen Anweisungen. Dabei bewege ich mich auf einem kleinen Kreis mit, die Gerte setze ich als »Abstandhalter« so ein, dass sie hinter die Schulter zeigt. Sollte das Pferd erneut versuchen, auf die innere Schulter zu fallen, kann ich so augenblicklich einwirken und ihn korrigieren.

Dazu lege ich den Longierzirkel so an, dass ich die Möglichkeit habe, mein Pferd während des Longierens mit dem Schlag der Bogenpeitsche hinter der Schulter zu erreichen. Mit Hilfe von Longe und Kappzaum versuche ich, den Kopf des Pferdes nach innen zu stellen. Gleichzeitig beginne ich, das Pferd durch Touchieren mit der Bogenpeitsche von unten nach oben direkt hinter der Schulter, nach außen zu schicken, um so eine Hohlbiegung nach rechts zu erreichen. Nur so kann die Muskulatur der linken Körperhälfte in die Dehnung kommen.

Anfangs fällt das den Pferden meist recht schwer. Es ist dann nötig, an der Longe gut gegenzuhalten, aber auch die Schulter mit Nachdruck nach außen zu touchieren. Dabei empfiehlt es sich, die Peitsche in Höhe der Touchierstelle zu lassen. Verschiebt das Pferd die Schulter entsprechend meiner Vorgabe, setze ich mit dem Touchieren aus. Fällt es dagegen in sein altes Verhalten zurück, muss ich sofort wieder aktiv werden.

Bei besonders schwierigen Fällen kann es nötig sein, dass ich zu Beginn anstatt der Bogenpeitsche eine Gerte zum

Der Pferdehals ist der »Schlüssel« für Geschmeidigkeit, Rittigkeit, Durchlässigkeit und Kontrollierbarkeit. Nur wenn das Pferd hier geschmeidig wird, kann es auch im restlichen Körper geschmeidig werden.

Touchieren benutze. Mit dieser kann ich direkter und deutlicher einwirken. Dabei lasse ich das Pferd auf einem kleinen Zirkel von vielleicht Voltengröße gehen. Ich selbst gehe in einem etwas kleineren Kreis neben dem Pferd her und setze die Gerte in oben beschriebener Weise ein. Hat das Pferd verstanden, was ich von ihm möchte, kann ich dazu übergehen, die Bogenpeitsche zu benutzen.

Um mein Pferd nicht zu überfordern, sollte ich die Arbeitssequenzen zu Beginn nicht zu lange ausdehnen, hier reichen zunächst wenige Minuten. Ganz wichtig ist es, immer mal wieder die Hand zu wechseln, um es nicht zu überlasten. Wobei es natürlich vermehrt die rechte Hand sein sollte, mit der ich mich beschäftige. Ein gutes Maß wäre hier zwei drittel der Zeit mit dem Pferd auf der rechten und ein drittel mit ihm auf der linken Hand zu arbeiten. Genauso sinnvoll ist es, die Übung zunächst im Schritt zu beginnen. Damit tut sich das Pferd wesentlich leichter und es hat die Chance, bei langsamem Tempo die Lektion besser verstehen zu lernen.

Das Pferd hat auf dem kleineren Zirkel im Schritt verstanden, was von ihm erwartet wird. Nun ist der Trab angesagt. Ich lasse das Pferd auf einem entsprechend größeren Zirkel gehen. Wegen des größeren Abstandes zum Pferd setze ich nun die Bogenpeitsche ein. Auf diese Weise kann ich es auch im Trab erreichen. Auf dem Bild ist schön zu sehen, wie Klötzchen in eine gute Dehnungshaltung kommt – bei gleichzeitiger Aktivierung der Hinterhand.

»Der Schritt ist die Gangart des Lernens«, hat Francois Baucher einmal gesagt.
Danach kann ich auch immer wieder mal den Trab fordern, Übergänge in Schritt und Trab üben und irgendwann auch den Galopp in mein Repertoire aufnehmen. Aber hier sollte ich nichts forcieren, denn es dauert seine Zeit, bis sich ein Körper umgeformt hat. Mit dieser Longiertechnik habe ich auch bei meinem recht unsportlichen und steifen Welsh Cob gute Erfolge erzielt.

Ein weiterer wichtiger Effekt: Die Dehnungshaltung

Über diese Longiertechnik kann ich mein Pferd nicht nur sehr gut gerade richten, sondern auch sehr schnell und ohne Anwendung von Hilfszügeln in eine Dehnungshaltung bekommen. Durch die starke Innenstellung von Kopf und Hals wird die äußere Halsmuskulatur gedehnt und die innere verkürzt. Dadurch ist es dem Pferd unmöglich, innere und äußere Halsmuskulatur widereinander zu verspannen. Das führt dazu, dass das Pferd sehr bald Kopf und Hals

Auch der Galopp sieht schon recht gut aus. Gut gebogen und gestellt, in einer relativen Aufrichtung gehend, schwingt Klötzchen schön mit der Hinterhand durch. Dabei hängt die Longe leicht durch. Die Aufmerksamkeit es Pferdes ist voll bei seinem Ausbilder, was an der Stellung seiner Ohren zu erkennen ist.

»fallen lässt« und in eine gute Dehnungshaltung kommt. Ein weiterer Faktor, der den Erhalt dieser Körperposition begünstigt, ist die Peitschenführung von unten nach oben. Durch die Einwirkung mit Gerte oder Peitsche im unteren seitlichen Bereich des Brustkorbes wird das Pferd dazu animiert, den Rücken anzuheben. Bisweilen sieht man gerade im Westernreitsport Leute, die mit beiden Sporen gleichzeitig im zuvor beschriebenen Körperbereich des Pferdes einwirken, um es dadurch zum Aufwölben des Rückens anzuregen. Gut gemacht kann das in Einzelfällen eine Hilfe sein, allerdings ist die Gefahr des Missbrauchs recht groß.

Durch die eben beschriebene Longiertechnik erhalte ich den gleichen Effekt und das losgelöst von Reiter und Reitergewicht.

Das Arbeiten in der Dehnungshaltung sollte ein unverzichtbarer Teil im Training und in der Ausbildung eines Reitpferdes sein.

6. Gelderländer Ivo galoppiert nicht sauber an der Longe

Problemvorstellung

Sarah hat ein Longierproblem mit ihrem 7-jährigen Gelderländer-Wallach Ivo. Er ist A-Dressur ausgebildet und seit zwei Jahren in ihrem Besitz. Im Schritt und Trab an der Longe geht er locker und gelöst fleißig vorwärts. Im Galopp ändert sich das schlagartig. Vorne galoppiert er, mit der Hinterhand »schludert« er. Was er zeigt, ist eine Mischung aus Trab und Galopp. Selbst bei vermehrtem Treiben stellt sich keine Besserung ein. Sarah kann sich das nicht erklären, denn unter dem Sattel springt er im Galopp ordentlich durch und arbeitet auch sonst mit der Hinterhand schön mit.

Rückenprobleme oder Probleme in der Hinterhand hat er keine, dies wurde ihr vom Tierarzt bestätigt. Würde Sarah ihn beim Longieren »wie ein Paket zuschüren«, könnte sie das als möglichen Grund verstehen. Sie longiert ihn mit Schlaufzügeln, die jeweils rechts und links lang verschnallt sind. Sie macht das, damit er eine Begrenzung zur Seite hat, sich aber gleichzeitig gut nach vorwärts-abwärts dehnen kann.

Lösungsvorschlag

Es ist immer schwierig, Ferndiagnosen zu stellen, ohne sich mit eigenen Augen ein Bild von etwas gemacht zu haben. Mein Tipp: Die Schlaufzügel ganz weglassen. Ich denke, dass Ivo für den Galopp mehr Aufrichtung braucht, um sich besser ausbalancieren zu können. Wenn Pferde frei galoppieren, tun sie das auch mit einer gewissen Aufrichtung. Da Gelderländer von Natur aus viel Aufrichtung haben, könnte es sein, dass Sarah ihrem Pferd tatsächlich die Möglichkeit nimmt, sich auszubalancieren, wenn sie versucht, das Pferd im Galopp zu tief einzustellen.

Mit der Zeit sollte Ivo dann trotzdem lernen, auch im Galopp mehr in Dehnungshaltung zu gehen, damit sich seine Oberlinienmuskulatur entsprechend entwickeln kann. Pferderassen mit viel Halsaufsatz wie Gelderländer, Friesen oder auch Spanische Rassen sind manchmal »Blender«, was das Arbeiten in einer korrekten Körperhaltung betrifft. Sie sehen augenscheinlich gut beigezäumt aus, lassen aber dabei den Rücken durchhängen, was ein korrektes Untertreten mit der Hinterhand nicht zulässt. Gerade für diese Rassen, aber eigentlich für alle Pferde, ist es wichtig, in Dehnungshaltung, andere sagen dazu in einer Vorwärts-abwärts-Position, gearbeitet zu werden.

In einer guten Aufrichtung, »sich selbst tragend«, bei aktiver und gut untergesetzter Hinterhand ist dieser Galopp erhaben, majestätisch und sehr schön anzusehen. Auch hier hat das Pferd seine Aufmerksamkeit wieder ganz auf seinen Ausbilder gerichtet.

6. Gelderländer Ivo galoppiert nicht sauber an der Longe

Die Dehnungshaltung – auch im Galopp. Genick und Widerrist sind etwa auf einer Höhe. Der Rücken ist gut aufgewölbt und mit der Hinterhand tritt das Pferd aktiv unter. Es geht in einem ruhigen Tempo, der Galopp ist gesprungen und nicht gelaufen. Es trägt seinen Schweif locker, was von einer guten Losgelassenheit des Pferdes zeugt.

Sind sie dabei zu tief eingestellt und möglicherweise mit der Nasenlinie auch noch hinter der Senkrechten, kann die Hinterhand nicht entsprechend untertreten. Das so eingestellte Pferd läuft auf der Vorhand, drückt die Hinterhand nach hinter heraus und hängt im Rücken durch. Hierbei wird nicht nur die Vorhand überlastet, es kann auch zu Rückenschäden kommen – besonders im Kreuz-Darmbeinbereich. Diese Pferde entwickeln dann Taktunreinheiten, die sich bis hin zu starken Lahmheiten ausdehnen können. So ist eine gesunde Rückenentwicklung nicht möglich.

Ich denke, dass hier das Problem bei Sarahs Pferd liegt. Vermutlich ist Ivo zu tief eingestellt und geht vielleicht sogar hinter der Senkrechten. Ein korrekter Gebrauch der Hinterhand ist so nicht möglich. Es kann mit dieser nicht unter-

schwingen, wie es beim Galopp nötig ist. Stattdessen ist sie nach hinter herausgedrückt und dümpelt in trabartigen Schritten hinten nach. Das vermittelt den Eindruck, als gehörten Vorder- und Hinterhand nicht zusammen.

Das Galoppieren auf dem Zirkel ist gerade für lange, rahmige und vorhandlastige Pferde nicht einfach. Es fordert ein hohes Maß an Geschmeidigkeit, Balancefähigkeit und Sportlichkeit. Da Gelderländer bevorzugt im Fahrsport eingesetzt werden, stehen sie meist im Karossier-Typ. Ihre bevorzugte Gangart ist der Trab, dabei möchte man möglichst viel Knieaktion sehen. Das alles beeinträchtigt wiederum zusätzlich die seitliche Geschmeidigkeit und Balancefähigkeit und damit das Galoppiervermögen auf dem Zirkel. Diese Pferde sind eher »Geradeauspferde«.

Um ihr Pferd dennoch dahin zu bekommen, dass es auch auf dem Zirkel korrekt galoppiert, sollte Sarah daran arbeiten, ihm die bestmögliche Körperposition zu geben. Eine gute Dehnungshaltung ist dann gegeben, wenn Genick und Widerrist beim Pferd auf einer Höhe sind. Dabei ist einer Vorhandüberlastung vorgebeugt, weil es nicht zu tief eingestellt ist. Eine Aufwölbung des Rückens ist trotzdem gegeben, auch die Hinterhand kann entsprechend aktiv untertreten. Nur so ist es möglich, den Spannungsbogen über dem Rücken herzustellen, der Voraussetzung für eine gesunde Oberlinienentwicklung ist.

Dazu bietet sich die in Kapitel 5 beschriebene Longiertechnik an, die dem Pferd hilft, auch ohne Hilfszügel eine optimale Körperposition zu finden. So kann Ivo zusehends geschmeidiger werden und wird bei fortführender Arbeit eine Körperhaltung entwickeln, die dem oben beschriebenen Ideal entspricht, und die eine optimale Dehnungshaltung zulässt. Mit zunehmender Übung kann Ivo dann auch mal mit mehr Aufrichtung gearbeitet werden, was den Galopp immer gesetzter und die Bewegung erhabener werden lässt.

Eventuell kann es bei diesen Pferden aber auch mal nötig sein, die Peitsche treibend an der Hinterhand einzusetzen, um diese zu aktivieren, besser unterzutreten.

Egal, wie weit ein Pferd ausgebildet ist, die Grundeinstellung im Aufwärmtraining – aber auch zwischendurch – sollte immer wieder die der Dehnungshaltung sein.

7. Wider die Dickfelligkeit! Sir John reagiert nicht auf die Gerte

Über Sinn und Unsinn der Gerte

Die Gerte ist eines meiner wichtigsten Hilfsmittel in der Kommunikation mit Pferden. Mit ihr als meinem verlängerten Arm kann ich das Pferd an allen Körperstellen erreichen, um ihm meine Wünsche zu übermitteln. Ich kann sie zart bittend einsetzen, um ihm in allerfeinster Weise mitzuteilen, für mich dies oder jenes zu tun. Ich kann meine Bitte etwas fordernder gestalten, sollte mein Vierbeiner nicht reagieren.

Geht er auch hierauf nicht ein, kann aus der Bitte eine echte Forderung werden, in dem ich die Intensität der Einwirkung entsprechend steigere. Im Bedarfsfall kann ich sie auch wirklich mit deutlichem Nachdruck einsetzen, um ein widersetzliches Pferd dazu zu bringen, auf meine Forderungen einzugehen.

Zum Einsatz der Gerte gibt es unterschiedliche Einstellungen, je nach Philosophie der einzelnen Reitweisen. Die Einen benutzen sie gerne, weil sie die feine Möglichkeit der Kommunikation mit diesem Hilfsmittel zu schätzen gelernt haben. Andere lehnen sie ab, weil sie Gerte mit Peitsche gleichsetzen und Peitsche nach ihrer Vorstellung immer etwas mit martialischer Einwirkung auf das Pferd zu tun hat. Im Westernreiten gilt der Einsatz einer Gerte als »uncool«. Hier benutzt man lieber lange Sporen mit großen Rädern dran, um dem Pferd seine Wünsche zu übermitteln. Ist ja auch viel »cooler«, scheppern sie doch bei jedem Schritt, den man tut. Man bekommt das richtige Cowboy-Feeling und fühlt sich vielleicht ein bisschen wie John Wayne. Nein, aber mal im Ernst: Betrachtet man die Entwicklung der Westernreiterei, erklärt sich das von selbst. Der Cowboy brauchte beide Hände, um seine Arbeit tun zu können. Das Lasso musste gehändelt werden, das Pferd gelenkt, die Kuh fixiert, das Kalb gefesselt und vieles mehr. Da hätte eine Gerte gestört. Also befestigte man die Gerte an den Absätzen der Stiefel in Form von Sporen.

Ich persönlich ziehe die Gerte auf jeden Fall den Sporen vor – ich muss ja auch keine Rinder treiben ... Mit ihr habe ich einen wesentlich größeren Aktionsradius am Pferd. Egal, ob ich dessen Flanke erreichen möchte, seine Schulter, die Brust, seine Beine oder die Hinterhand – mit der Gerte ist das möglich, mit Sporen noch lange nicht.

Junge Pferde, die sich in der Ausbildung befinden, können immer mal einen Hopser oder Buckler machen. Auch die Beine eines Profis können dann im Eifer des Gefechts außer Kontrolle geraten. Schnell wird dann ein junges Pferd mal

ungewollt sporniert, was die ganze Aktion zusätzlich belastet. Eine Gerte kann ich wenn nötig fallen lassen, die Sporen sind am Stiefel fest. Mit ihr kann ich feiner abgestimmte Einwirkungen vornehmen, mit einer ganzen Palette unterschiedlicher Intensitäten.
Sporen verleiten dazu, ständig den Absatz hochzuziehen, weil man ja damit die Flanke des Pferdes erreichen möchte. Das tut dem Sitz des Reiters nicht gut und nicht selten wird das Pferd dadurch abgestumpft.
Bei der Bodenarbeit ist die Gerte für mich ein absolut unentbehrliches Hilfsmittel. Aber was tun, wenn das Pferd nicht darauf reagiert?

Problembeschreibung

Vor einiger Zeit war Petra bei uns zu Gast. Sie hatte Sir John mitgebracht, einen hübschen, braunen Shirehorse-Mischling. Sir John war ein netter Kerl und lernte schnell. Er war immer bemüht, mitzumachen. Allerdings klagte Petra darüber, dass er sehr unsensibel auf die Gerte reagierte. Selbst bei stärkerem Gerteneinsatz zeigte er keinerlei Reaktion.
Als sie mir das demonstrierte, war mir alles klar. Sie nahm die Gerte, hieb Sir John einmal kräftig in die Flanke und wartete, dass er reagierte. Er reagierte nicht. »Siehst Du«, sagte sie, »so ist das immer, der Kerl ist einfach zu stur«.
War er nicht, die Kommunikation mit der Gerte war ihm nur nie richtig erklärt worden.

Lösungsvorschlag

Will ich ein Pferd auf die Gerte einstellen, sollte ich zunächst überprüfen, ob es sich grundsätzlich mit ihr berühren lässt. Sollte das nicht der Fall sein, muss ich es zuerst an die Berührungen mit der Gerte gewöhnen. Es ist schlecht, wenn ein Pferd bereits beim Anblick der Gerte Stresszustände bekommt. Unter diesen Bedingungen ist eine Kommunikation mit diesem Hilfsmittel nicht möglich, weil das Pferd ständig davor auf der Flucht ist.

Stress macht ein erfolgreiches Lernen unmöglich. Mit Stress kann ich einem Pferd etwas abgewöhnen, aber nichts beibringen.
Pferdeausbildung ist immer eine Gradwanderung zwischen Sensibilisierung und Desensibilisierung.
Sensibilisieren möchte ich das Pferd für die Annahme allerfeinster Hilfen. Es soll lernen, von mir gewünschte Reaktionen auf ganz leichte Signale hin auszuführen. Eine Desensibilisierung werde ich da vornehmen,
wo ein Pferd in überzogener oder unkontrollierter Weise auf irgendwelche äußeren Einflüsse reagiert. Also Verhaltensweisen zeigt, die ich nicht möchte oder die oft sogar gefährlich sind. Durch Sensibilisierung möchte ich von mir gewünschtes Verhalten fördern und verfeinern, durch Desensibilisierung unerwünschtes Verhalten ausmerzen.

Entscheidend für den Erfolg einer Aktion ist hierbei immer das Timing. Timing heißt: Im richtigen Moment das Richtige tun. Habe ich bei einem Sensibilisierungsvorgang nicht das richtige Timing, kommt meist das Gegenteil dabei heraus. Umgekehrt gilt das Gleiche. Nehme ich sofort die Gerte weg, wenn ein Pferd sich über den Einsatz der Gerte aufregt, lernt es: sich aufzuregen ist eine Lösung, um dieses unerwünschte »Ding« loszuwerden. So wird es sich weiter aufregen, weil es Erfolg mit dieser Verhaltensweise hatte.

Richtiger wäre es, auf das unkontrollierte Verhalten des Pferdes nicht einzugehen, sondern die Gerte an dessen Körper dranzulassen. Für diese Vorgehensweise ist es aber sinnvoll, ein »Handwerkszeug« zu benutzen, das es mir ermöglicht, das Pferd auch im Konfliktfall kontrollieren zu können. Ich bevorzuge da das Knotenhalfter mit dem langen, dicken Arbeitsseil.

Ich setze das Pferd bewusst dieser stresserzeugenden Gerte aus, damit es lernt, damit umzugehen. Nach einigen vergeblichen Versuchen, sie loszuwerden, wird es merken, dass es diesem Ding nicht entfliehen kann und innehalten. Augenblicklich nehme ich dann die Gerte weg und lobe das Pferd ausgiebig. Es muss merken, dass es etwas richtig gemacht hat. Nach einer kleinen Pause beginne ich von neuem. Erfahrungsgemäß wird das Pferd jetzt schon wesentlich weniger heftig reagieren, bald ist es kein Thema mehr, es mit der Gerte zu berühren. Hier hat das Pferd für das Akzeptieren seinen Erfolg kassiert und gelernt, dass Flucht keine Lösung ist. Jetzt erst kann ich eine sinnvolle Kommunikation mit Hilfe der Gerte aufbauen, das Pferd hat seine Angst davor überwunden.

Das Pferd steht breitbeinig wie ein Sägebock und »blockiert« die Einwirkung des Ausbilders. Sein hoch aufgerichteter Hals, die Stellung seiner Ohren, sein Blick und der unruhig schlagende Schweif verraten, dass es sich gerade in einem Konflikt befindet.

Nachdem die Einwirkung oder der Reiz noch einmal verstärkt wurden, zeigt der Tigerschecke endlich die erwünschte Reaktion. Jetzt ist der Zeitpunkt gekommen, das Pferd ausgiebig zu loben und es eine Pause machen zu lassen. Danach beginnt der gleiche Vorgang von neuem. Schon bald sollte immer weniger Einwirkung nötig sein, um ein Weichen mit der Hinterhand zu bekommen.

In Petras Fall ist das anders. Sir John hat kein Problem damit, sich mit der Gerte berühren zu lassen. Petra hat eine Aktion gestartet, um Sir John auf die Gerte zu sensibilisieren. Sie hat ihm einen Klaps mit der Gerte gegeben und die Einwirkung sofort eingestellt, noch bevor er auf den Gertenreiz reagierte. Was lernt das Pferd in solch einem Fall? Es lernt, dass es nicht reagieren muss. Sir John lernt, den Schlag zu erdulden, aber nicht darauf zu reagieren. So wird er in Wirklichkeit nicht sensibilisiert, sondern eher desensibilisiert, also abgestumpft.

Merke: Wenn Du Dein Pferd etwas fragst (etwas von ihm forderst), dann erwarte auch eine Antwort. Frage aber so, dass Du die Antwort erhältst, nach der Du gefragt hast. Erhältst Du keine oder die falsche Antwort, dann musst Du Deine Frage deutlicher stellen oder sie gegebenenfalls umformulieren. Gibst Du Dich damit zufrieden, dass Dein Pferd Dir nicht antwortet, wird es nicht nur das Gewünschte nicht lernen, sondern Du wirst auch unglaubwürdig. Es wird Dich mit der Zeit nicht mehr ernst nehmen.

Zurück zu Sir John und Petra. Sir John sollte lernen, seine Hinterhand auf ein Touchieren mit der Gerte an seiner Flanke zur Seite zu nehmen und überzutreten. Hier gilt: So wenig wie möglich, aber so viel wie nötig.

Wir begannen, wie am Anfang dieses Kapitels beschrieben, zart bittend auf Sir Johns Flanke einzuwirken. Wir steigerten langsam die Intensität, bis er schließlich einen Schritt zur Seite wich. Es brauchte Anfangs schon einen recht deutlichen Einsatz der Gerte, bis er sich bewegte. In dem Moment, in dem sich das Pferd bewegte, wurde der Touchier-Reiz augenblicklich weggenommen. Es durfte eine Pause machen und wurde ausgiebig gelobt. Danach setzten wir unsere Arbeit weiter fort. Mit jedem Mal reagierte Sir John schneller. Bald war es wirklich nur noch ein zartes Bitten, ja nur noch ein Hindeuten mit der Gertenspitze und er wich willig zur Seite. Er hatte begriffen.

Wir arbeiteten konsequent nach dem Leitsatz: so wenig wie möglich, aber so viel wie nötig. Nur wenn ich eine Reaktion vom Pferde erhalte, kann ich diese auch bestätigen. Ganz wichtig: Über die Bestätigung lernt das Pferd. Nur, wenn ich diesem so wenig wie möglich an Einwirkung anbiete, kann es lernen, auf feinste Hilfen zu reagieren.

8. Pferd Klötzchen kickt beim Touchieren nach der Gerte

Problembeschreibung

In Kapitel sieben haben wir uns darüber unterhalten, was zu tun ist, wenn ein Pferd nicht auf die Gerte reagiert. Manchmal erleben wir aber auch gerade das Gegenteil, nämlich Pferde, die beim Touchieren aktiv gegen die Gerte gehen, indem sie z.B. nach ihr ausschlagen. Oft ist das ein klarer Akt von Opposition: Das Pferd ärgert sich über die Forderungen des Menschen, fühlt sich genötigt und wehrt sich. Manche Pferde kicken mit einem Hinterbein nach vorne oder hinten oder feuern mit beiden Hinterbeinen gleichzeitig aus. Andere schlagen mit den Vorderbeinen nach der Gerte und wieder andere bringen ihren Protest durch Steigen oder Bocksprünge zum Ausdruck. Natürlich gibt es auch Pferde, die aus reiner Angst oder Verzweiflung diese Verhaltensweisen zeigen. Sie fühlen sich bedrängt und würden gerne weglaufen. Der Mensch hindert sie daran durch Festhalten, woraufhin sie versuchen, sich zu verteidigen.

Lösungsvorschlag

Bei diesem Problem ist es wieder wichtig, das Pferd zu desensibilisieren und es an die Gerte zu gewöhnen. Es muss eine Basis für weitere Kommunikation geschaffen werden. Das Pferd muss lernen, dass ihm sein Verhalten keinen Erfolg bringt. Da Pferde bekanntlich das lernen, womit sie Erfolg haben, liegt es an mir, ihm diesen Erfolg da zu vermitteln, wo es akzeptiert, nicht wo es reagiert.

Mein Wallach Klötzchen zeigte solch ein Verhalten, als ich damit begann, ihm das Piaffieren beizubringen. Ich stand dabei vorne an seinem Kopf und hielt ihn mit einer Hand am Halfter. In der anderen Hand hatte ich eine lange Gerte und touchierte damit seine Hinterbeine. Ich wollte Klötzchen zum wechselseitigen Anheben seiner Hinterbeine nach vorne unter den Bauch bewegen. Seine Reaktion war eine andere, als die von mir angestrebte: Er schlug heftig und ärgerlich mit beiden Hinterbeinen aus. Leicht hätte ich jetzt mein Lernziel ändern können, wenn ich in diesem Moment die Gerte weggenommen und ihn gelobt hätte. Mit ein wenig Übung wäre dabei eine ordentliche Standkapriole herausgekommen, also ein gezieltes Austreten auf Anfrage. Nur das war nicht mein Ziel. Also ließ ich die Gerte am Hinterbein von Klötzchen dran und ließ ihn kicken. Nach einigen erfolglosen Versuchen, dieses »Ding« an seinem Bein loszuwerden, hielt er inne. Sofort nahm ich die Gerte weg, lobte ihn ausgiebig und ließ ihn eine Pause machen. Nach wenigen Wiederholungen hatte er begriffen, dass Austreten nicht die richtige Antwort auf meine Frage war. Er hatte keinen Erfolg damit. Jetzt war der Zeitpunkt da, mein ursprüngliches Ziel erneut anzugehen. Klötzchen erhielt sofort ein großes Lob beim Anheben der Hinterbeine in die von mir gewünschte Richtung. Er lernte über diesen Erfolg mit der Zeit eine schöne Piaffe zu zeigen.

Ich erinnere mich an eine Trakehner-Stute, die mit viel Erfolg gelernt hatte, sich nicht verladen zu lassen. Sie hatte allerhand Tricks drauf und wendete diese rücksichtslos an. Die Besitzer waren mit ihr zu einem meiner Kurse gekommen. Irgendwie hatten sie es geschafft, die Stute doch zu verladen. Als es am Ende des Kurses wieder nach Hause gehen sollte, streikte sie. Nichts half! Immerhin hatte sie schon eine erfolgreiche Karriere in diesem Bereich hinter sich und war »mit allen Wassern gewaschen«. Ich war nun gefordert. Man schloss Wetten ab, ob oder in welcher Zeit ich es wohl schaffen würde.

Wie immer bei solchen Aktionen stattete ich auch dieses Pferd mit Knotenhalfter und Arbeitsseil aus. Damit konnte ich es gut im Kopfbereich kontrollieren. Dann begann ich, die Stute mit einer langen Dressurgerte auf der Hinterhand, in der Nähe des Schweifansatzes zu touchieren. Mit diesem Touchier-Reiz veranlasse ich Pferde dazu, sich vorwärts zu bewegen. In diesem Fall stand vorne der Hänger. Wichtig bei diesen Aktionen ist, sofort mit dem Touchieren aufzuhören, sobald sich das Pferd auch nur einen Schritt in die von mir angestrebte Richtung bewegt. So bekommt es augenblicklich sein Erfolgserlebnis und in der damit verbundenen Pause auch die Möglichkeit, dieses Erlebnis zu speichern. Es lernt gleichzeitig, dass ein Hänger gar nicht so schlimm ist.

Diese Stute war sehr sportlich und beweglich. Auf meinen Touchier-Reiz hin begann sie unverzüglich, mit beiden Beinen nach hinten auszufeuern. Ich ließ mich nicht beeindrucken, schließlich stand ich vorne an ihrem Kopf. Sie konnte mir nichts mit der Hinterhand anhaben. Das Pferd hatte eine unglaubliche Ausdauer. Sie wusste genau, was sie wollte, oder besser, was sie nicht wollte. Ich gab ihr keinen Erfolg damit und touchierte weiter. Sie ärgerte sich maßlos und begann in einer affenartigen Geschwindigkeit, auf der Vorderhand rückwärts zu rennen, ohne das Kicken dabei einzustellen. So etwas hatte ich noch nicht gesehen. Es waren bestimmt 20 bis 30 Meter, die sie in dieser Weise rückwärts zurücklegte. Ich blieb dran. Das Ganze ging sehr schnell. Mit einem Mal hielt sie plötzlich kurz inne, sofort nahm ich die Gerte weg, ließ sie eine ausgiebige Pause machen und lobte sie. Danach begann ich erneut sie zu touchieren, zunächst sanft bittend, dann etwas deutlicher. Wieder setzte sie mit ihren »Kickaktionen« an, dieses Mal aber nur noch sehr zögerlich. Ich hatte ihr Selbstbewusstsein stark erschüttert. Das zuvor Erlebte, gab ihr sehr zu denken. Danach war das Thema »ausdiskutiert«. Bald stand sie im Hänger und konnte nach Hause befördert werden. Die ganze Aktion hatte nach Aussagen der umstehenden Zuschauer etwas sieben Minuten gedauert.

Das war sicher ein Extremfall und etwas, was man nicht jeden Tag braucht. Aber solche Dinge kommen vor. Hätte ich immer auf das Kicken hin mein Touchieren eingestellt, wäre die kecke Trakehnerin sicher nie in den Hänger eingestiegen.

8. Pferd Klötzchen kickt beim Touchieren nach der Gerte

Die Gerte ist eine sehr praktische und vielseitige Kommunikationshilfe. Bei der Bodenarbeit dient sie als Verlängerung des Armes, beim Reiten unterstützt sie eher das Reiterbein. Lässt sich das Pferd allerdings nicht mit ihr berühren, rennt es davor weg oder tritt es danach, ist eine feine Kommunikation mit ihr schlecht möglich.

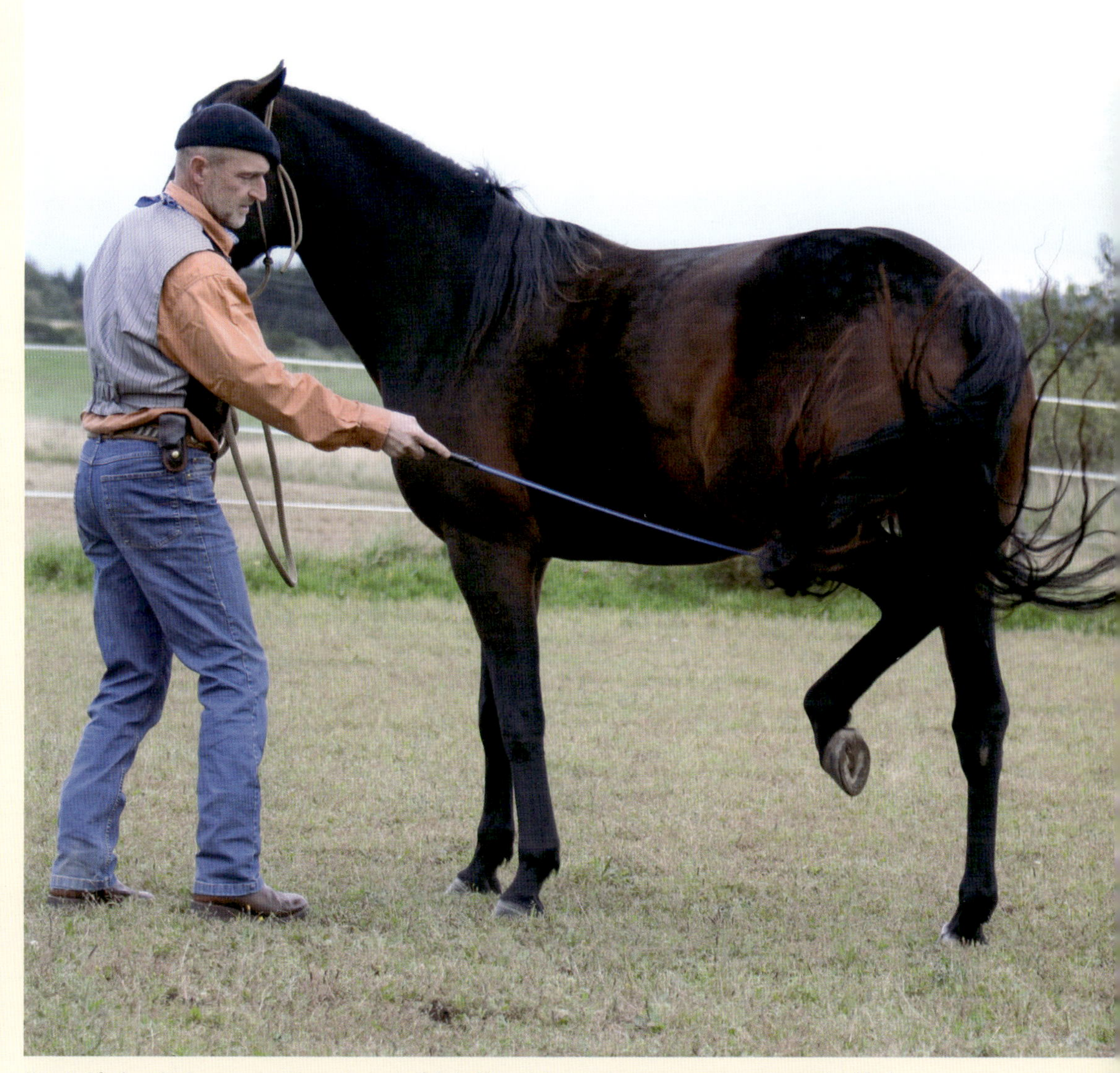

Um ein Pferd an die Gerte zu gewöhnen, ist es der falsche Weg, sie immer dann wegzunehmen, wenn das Pferd Abwehrreaktionen zeigt. Hier ist es wichtig, dass die Gerte am Körper des Pferdes angelegt bleibt, damit es sich damit auseinander setzen kann. So lernt es, dass es vor der Berührung mit der Gerte weder davonzulaufen noch durch aggressives Verhalten dagegen anzukämpfen braucht.

8. Pferd Klötzchen kickt beim Touchieren nach der Gerte

Das Kicken brachte dem Pferd keinen Erfolg, seine Abwehrreaktion ist nun bereits weniger heftig. Dennoch signalisiert seine gesamte Körperhaltung seinen Konflikt. Der Körper ist voller Anspannung, das Pferd versucht, die Hinterhand »einzuziehen«, und seine Ohren verraten ein starkes Unwohlsein.

Langsam wird es besser. Die Anspannung im Körper hat deutlich nachgelassen. Der Konflikt ist zwar noch immer nicht ganz beigelegt, aber das Pferd hat inzwischen seine Abwehrreaktionen mit den Beinen eingestellt. Der unwillig schlagende Schweif und die stark nach seitlich hinten gestellten Ohren sind nach wie vor ein Zeichen für seine Verspanntheit.

Die Situation hat sich deutlich geändert. Das Pferd ist bei der Berührung mit der Gerte nun doch sichtlich entspannter. Seine gesamte Körperhaltung hat sich verändert. Das Pferd steht ruhig und gleichmäßig auf seinen vier Beinen, der Schweif fällt lockerer und sein Kopf hat sich ein wenig abgesenkt. Die Ohren verraten allerdings, dass es der Sache doch noch nicht so ganz traut.

Jetzt kann ich die Gerte sogar am hinteren Röhrbein des Pferdes anlegen, ohne dass es »Stresszustände« bekommt. Es bleibt bei der Berührung absolut ruhig. Dafür wird des deutlich gelobt und erhält einige Streicheleinheiten am Hals.

9. Felix und seine Planenphobie

Problembeschreibung

Wieder einmal hatten wir Besuch. Simone hatte sich mit ihrem 8-jährigen Haflinger-Wallach Felix angesagt. Sie wollte für eine Woche bleiben, um mit ihrem Pferd an einem speziellen Problem zu arbeiten. Felix war einer der schönsten Haflinger, die ich bis dahin gesehen hatte. Er war sehr kultiviert, freundlich und angenehm im Umgang. Er hatte eine gute Grundausbildung und beherrschte viele Lektionen der klassischen Dressur, konnte einzelne Zirkuslektionen und war fit in der Bodenarbeit. Seine Besitzerin hatte einen hohen Qualitätsanspruch und legte großen Wert auf ein vielseitiges und fundiertes Ausbildungsprogramm. Stets war sie bemüht, das Repertoire der Möglichkeiten zu erweitern. So hatte sie sich in den Kopf gesetzt, dass Felix auch ein gutes Trail-Pferd werden sollte.

Trail-Lektionen werden von vielen Reitern unterschätzt oder nicht richtig ernst genommen. Oft sieht man gerade in Freizeitreiterkreisen bei Reiter-Rallyes oder Trail-Turnieren sehr unschöne Bilder. Da werden Pferde mit viel Gezerre und Gewürge an die Hindernisse genötigt. Aus fein ausgerichteten und präzise zu überwindenden Stangenhindernissen wird im Nu Stangensalat gemacht. Pferd und Reiter verhalten sich wie »die Axt im Walde«. Es scheint, als hätten diese Leute nie etwas von reiterlichen Hilfen und feiner Kommunikation gehört. Vorwärts geht noch irgendwie, seitwärts und rückwärts scheinen Fremdworte zu sein. Damit ein Pferd einen Trail-Parcours sauber bewältigen kann, muss es durchlässig sein. Präzision und Feinabstimmung sind ebenso wichtig. Das Pferd muss sich auf allerfeinste Hilfen des Reiters, zentimetergenau vorwärts, seitwärts oder rückwärts bewegen lassen. Das Pferd muss über am Boden liegende Stangen locker hinwegschreiten, durch Tore gehen, mit Brücken oder Wippen keine Probleme haben. Vorhand- und Hinterhandwendung müssen sitzen. Das Pferd sollte am besten einhändig zu dirigieren sein, am Punkt angaloppieren und auch anhalten können. Es darf keine Angst haben, ob es um bunte Regenschirme, rote Bälle, blaue Mülltonnen, polternde Holzstege oder wehende Plastikplanen geht.

Mit Plastikplanen hatte Felix Probleme. Rittigkeit, Durchlässigkeit, Feinabstimmung – kein Thema – aber Plastikplanen ... An dieser Stelle kam Simone absolut nicht weiter mit ihm.

Aber auch losgelöst von der Idee, einen Trail-Parcours absolvieren zu wollen, halte ich es für unabdingbar, Pferde mit Plastikplanen zu konfrontieren. Auf Planen stößt man heute beinah überall. Kaum ein Ausritt ist möglich, bei dem man nicht in irgendeiner Weise mit ihnen in Berührung kommt. Sei es die Siloplane, mit der Bauer Schulze sein Heu abgedeckt hat, oder die Plane, mit der an Baustellen Baumaterialien gesichert oder Fensterlöcher abgedichtet werden. Müllsäcke, die an Bürgersteigen stehen und auf die Müllabfuhr warten oder Einkaufstüten, die der Wind durch die Landschaft wirbelt. Die »Dinger« sind tückisch: mal sind sie schwarz, mal weiß oder rot. Mal sind es kleine Tüten oder riesige Fetzen. Sie knistern, knattert oder raschelt im Wind, verändern dabei ständig ihre Form. Mal bauschen sie sich auf, fallen dann wieder in sich zusammen.

Da unsere Pferde trotz vieler tausend Jahre Domestizierung durch den Menschen Fluchtiere geblieben sind, können ihre Reaktionen auf »Plastik-Monster« entsprechend heftig ausfallen. So kommt es in Verbindung mit Plastikplanen immer wieder zu gefährlichen Zwischenfällen und durchaus auch zu Verletzungen. Selbst die offiziellen Gremien haben das heute erkannt und spezielle Gelassenheitsprüfungen geschaffen, in denen Pferd mit verschiedensten »Alltags-Monstern« konfrontiert werden. Sie müssen ihre Gelassenheit unter Beweis stellen und bekommen dafür Noten.

Lösung

Zurück zu Simone und ihrem Planen-Training. Sie wollte, dass ihr Pferd seine Angst vor Planen verliert und »opferte« zur Bewältigung des Problems eine Woche Urlaub. Da sie sich selbst nicht an die Plane traute, bat sie mich, mit ihrem Pferd zu arbeiten. Felix wurde mit der Standardausrüstung – Knotenhalfter und Arbeitsseil – ausgestattet. So war ich mir sicher, dass ich ihn gut kontrollieren konnte. Eine etwa fünf Quadratmeter große Plane diente als erstes Trainingsmittel. Da das Antischreck-Training ein Desensibilisierungsprozess ist, komme ich nicht umhin, das Pferd mit den vermeintlich schrecklichen Dingen direkt zu konfrontieren. Nur so kann es sich damit auseinander setzen und lernen, dass von Planen keine Gefahr ausgeht.

Ich führte Felix mit der einen Hand, in der anderen hatte ich meine Plane. So marschierten wir los. Bei solchen Trainings-Aktionen achte ich darauf, dass Pferd und Plane stets hinter mir sind. Dadurch, dass das Arbeitsseil fast vier Meter lang ist, habe ich die Möglichkeit, das Pferd deutlich auf Abstand zu halten. Ich kann es trotzdem hervorragend kontrollieren, auch wenn es meint, weglaufen zu müssen. Die Verhaltensweisen der einzelnen Pferde sind bei solch einer Herausforderung recht unterschiedlich. Das eine Pferd bleibt wie angewurzelt stehen und rührt sich nicht vom Fleck, es versteinert regelrecht. Ein Ziehen am Seil, um es zum Nachfolgen zu bewegen, nutzt dann meist wenig. Ich biege dann einfach in einer 90-Grad-Wendung vom Pferd ab und kann so seitlich auf es einwirken. Mein Ziel ist, es aus der Balance zu bringen. Es soll sich wieder in Bewegung setzen. Immer, wenn es stehen bleibt, verfahre ich auf die gleiche Weise.

Ein anderes Pferd sucht sein Heil in der Flucht. Kaum dass es die Plane sieht, rennt es los und an mir vorbei, soweit es die Länge des Seiles zulässt. Es versucht, eine möglichst große Distanz zwischen sich und der Plane aufzubauen. Ich drehe mich dann einfach um und gehe in die entgegen gesetzte Richtung. Schon befindet sich das Pferd wieder hinter mir. Wenn ich losgehe, dann wird auch die Plane wieder in diese Position kommen. Es kann sein, dass das eine Weile so weitergeht. Durch einfache Richtungswechsel wird das Pferd immer wieder »genötigt«, sich der Plane anzunähern und sich mit ihr auseinander zu setzen. Das Ding geht einfach nicht weg. Mit der Zeit wird es feststellen, dass die Plane ihm nichts tut und zusehends ruhiger werden. Dann kommt die Phase, in der das Pferd beginnt, sich für die Plane zu interessieren. Neugierig, aber immer noch voller

Misstrauen, beginnt es, sich dieser mit der Nase zu nähern, meist noch von einem aufgeregten Schnorcheln begleitet.

Bei all diesen Lektionen gehe ich gar nicht groß auf das Pferd ein. Ich achte darauf, dass es in Bewegung bleibt und keine Chance bekommt, sich der Plane zu entziehen. Ich rede auch nicht beruhigend auf das Pferd ein, denn meist erreiche ich dadurch das Gegenteil. Vermeintlich beruhigende Worte kommen beim Pferd meist als Lob an, denn es kann meine Worte nicht verstehen, nur den Wortlaut und der klingt lobend und bestätigend. Also sage ich lieber gar nichts.

Mit zunehmender Akzeptanz des Pferdes beginne ich, die Distanz zwischen Pferd und Plane zu verringern. Dazu ver-

Felix hat seine Lektion gelernt. Sichtlich gelassen, mit seiner Aufmerksamkeit beim Ausbilder macht er seinen Job. Dabei ist er wüst behängt mit einem Sammelsurium von allerlei Planenteilen. Auch das Bewegen der Planen durch den Wind kann ihn nicht mehr beeindrucken.

suche ich, das Pferd so zu manövrieren, dass es zwischen Bande und Plane gehen muss. Mit der Zeit ziehe ich die Plane immer näher an das Pferd heran. In einem geeigneten Augenblick lasse ich sie einfach fallen. So entsteht ein Engpass zwischen Bande und Plane, das Pferd ist gezwungen, ganz dicht an der Plane vorbeizugehen, weil es keine andere Möglichkeit gibt. Diesen Engpass werde ich nun immer wieder mit dem Pferd durchschreiten. Günstig ist, wenn der Eingang zu diesem Engpass eine etwas weitere Öffnung hat und sich nach vorne trichterförmig verengt. Hat mein Pferd gelernt, ohne Probleme durch dieses »Nadelöhr« zu gehen, werde ich den Engpass immer enger stellen, bis die Lücke zuletzt ganz geschlossen ist. Spätestens jetzt muss das Pferd die Plane mit den Hufen berühren. Tritt es darauf, kann es sein, dass es sich zunächst immer noch erschreckt. Mit zunehmender Routine verliert die Plane aber immer mehr ihren Schrecken. Das Pferd wird in Zukunft ohne große Aufregung auf sie treten und darübergehen. In einem nächsten Schritt breite ich die Plane immer weiter aus und setze auch mal andersfarbige Planen ein. Als nächstes beginne ich, das Pferd aus einer größeren Distanz darüber zu schicken, so wie in Kapitel zwei beschrieben. Bald ist die Angst vor diesem Knisterzeug kein Thema mehr.

Hier lässt Felix sich ohne Aufregung durch ein Labyrinth aus Planen und Plastiktonnen schicken. Auch seine Besitzerin hat inzwischen gelernt, entspannt mit dieser Herausforderung umzugehen. Beide sind sichtlich gelassen.

9. Felix und seine Planenphobie

Auch mit Felix trainierte ich nach diesem Schema. Er zeigte die gesamte Palette der oben beschriebenen Verhaltensweisen und ich konterte entsprechend. So hatte er keine Chance, sich der Plane zu entziehen und gewöhnte sich in wenigen Tagen daran. Dann bauten wir spezielle Hindernisse für ihn, um das Training noch effektiver zu gestalten. Kunststoff-Tonnen wurden labyrinthartig aufgestellt und mit riesigen blauen Planen verhangen. Hier sollte Felix zwischen durch. Er lernte, Planengänge und mannshohe Engpässe zu passieren und über mit Planen überzogene Hindernisse zu springen.

Ich erinnere mich an eine Friesenstute, mit der wir im Rahmen eines Horsemanship-Kurses ebenfalls Planen-Training machten. Sie tat sich ausgesprochen schwer, über die Plane zu steigen. Hatte ich sie in den Planen-Engpass geführt, was sie auch zuließ, war sie nicht zu bewegen, weiter zu gehen. Stattdessen entzog sie sich, indem sie rückwärts rannte. Also »parkten« wir sie im Engpass und versperrten die »Hintertüre«, indem wir eine zusätzliche Plane hinter ihr auf den Boden legten. Nun war sie von drei Seiten von Planen eingeschlossen, die vierte Seite war durch die Hallenbande versperrt. Ihr blieb gar nichts übrig, als über die Planen zu gehen, um ihre Position zu verlassen.

So lernte auch sie in sehr kurzer Zeit, dass Planen gar nicht so gefährlich sind, wie sie zunächst meinte.

Dieses Training lohnt sich zum einen, um der eignen Sicherheit willen, zum anderen auch, um dem Pferd den ständigen Stress zu ersparen.

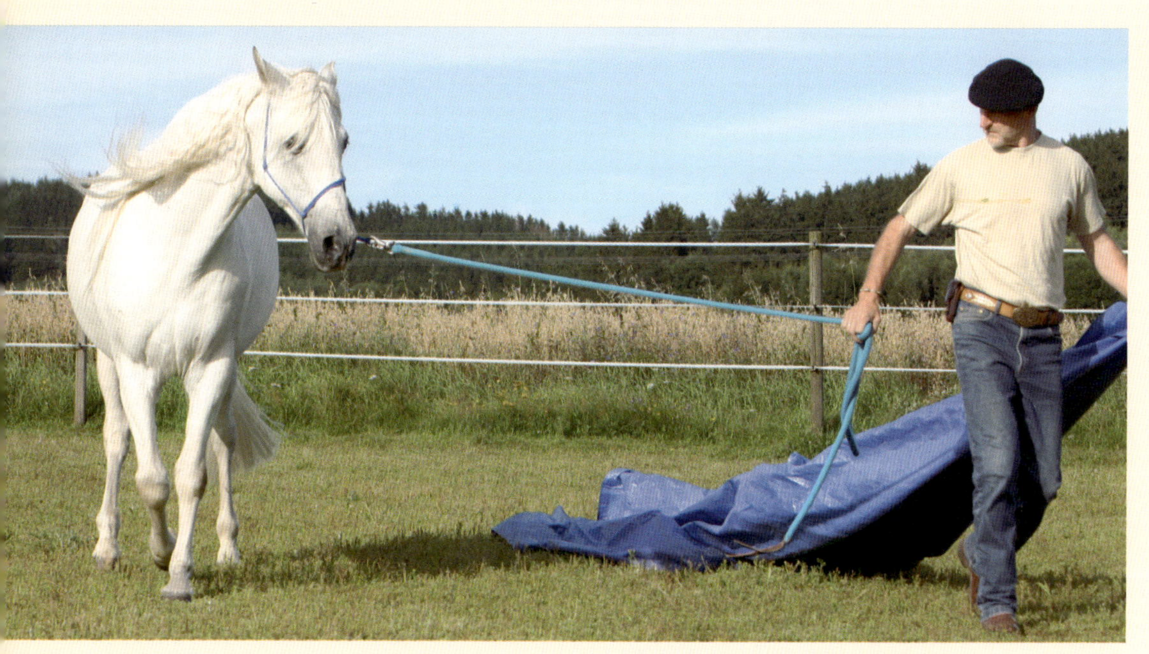

So beginne ich: Mit der einen Hand halte ich das Pferd, es ist ausgestattet mit Knotenhalfter und Arbeitsseil. Mit der anderen Hand halte ich die Plane. Das Ganze ist dem Schimmel Novarro nicht ganz geheuer ...

Novarro rammt alle vier Beine in den Boden: »Hier gehe ich nicht weiter.« Durch einen Richtungswechsel versuche ich, ihn aus der Balance und wieder in Bewegung zu bekommen.

Novarro versucht, sich durch Rückwärtsgehen zu entziehen. Ich laufe einfach mit, die Plane ist immer dabei.

Misstrauisch beäugt Novarro die Plane. Noch ist er sich nicht sicher, aber irgendwie scheint seine Skepsis nicht mehr allzu groß zu sein.

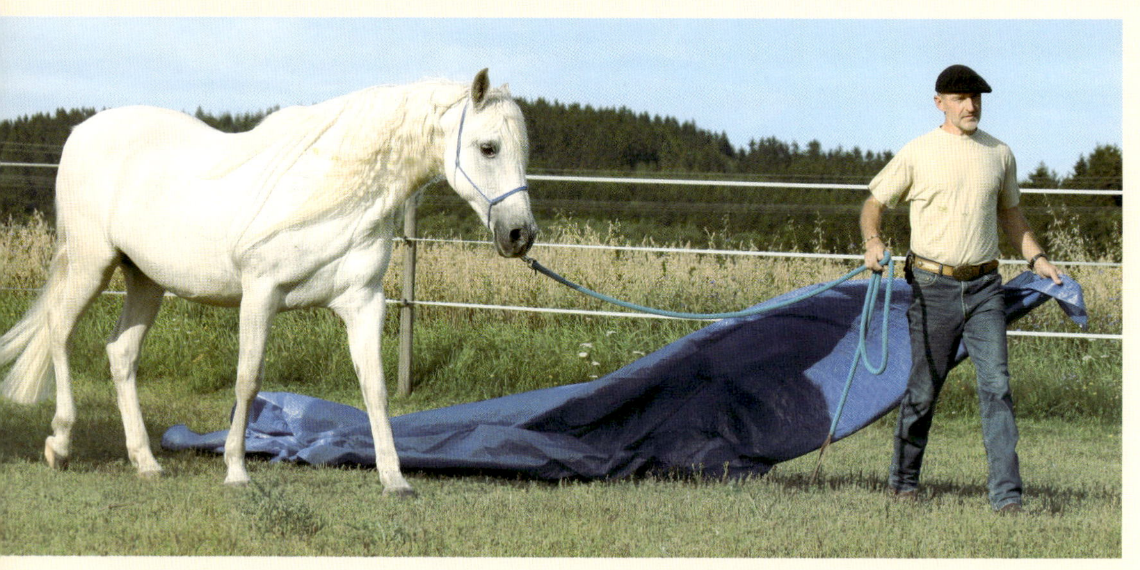

Nun geht das Pferd schon wesentlich entspannter und relativ nahe neben der Plane her. Sein Blick ist noch immer ein wenig skeptisch, das Ding könnte ihm ja in die Beine beißen ...

Ich konfrontiere ihn nun direkt mit der Plane, indem ich ihn auffordere, darüber zu gehen. Neugierig und etwas misstrauisch untersucht Novarro diese zunächst mit seiner Nase.

Novarro versucht es. Ganz vorsichtig tastet er sich vor, als wollte er prüfen, ob der Untergrund auch hält.

Geschafft! Na also, es geht doch! Noch ein paar Mal drüber und die Plane hat ihren Schrecken ganz verloren.

10. Wie Felix lernte, sich auch am Körper mit Plastikplanen berühren zu lassen

Problembeschreibung

Das Training mit Felix ging weiter. Jetzt sollte er lernen, sich am ganzen Körper mit Planen berühren und zum Schluss mit ihnen eindecken zu lassen. Ein Pferd dahingehend auszubilden, dass es keine Angst mehr vor Planen hat, sollte das Ziel jedes Reiters sein. Ob es ein junges Pferd ist, das in der Ausbildung steht und auf Sattel und Reiter vorbereitet werden soll, oder ob es ein bereits ausgebildetes Pferd ist, das bei Trail-Turnieren oder Reiter Rallyes flatternde Gegenstände dulden soll. Für den Wanderreiter, der auf der Strecke seinen Regenponcho anziehen muss, kann es in einem Fiasko enden, wenn sein Pferd dabei durchgeht. Vielleicht auch noch gerade in dem Moment, in dem er den Poncho über den Kopf zieht und nichts sieht.

Manche Pferde ticken schon aus, wenn ihre Besitzer, vielleicht bei einem längeren Ausritt, das mitgenommene Brötchen aus der Plastiktüte holen.

Pferde an Folien und Planen aller Art zu gewöhnen ist zur Festigung des Vertrauensverhältnisses zwischen ihnen und ihren Menschen auf jeden Fall sinnvoll. Man kann davon ausgehen, dass sie dann auch in anderen Konfliktsituationen gelassener reagieren.

Lösungsweg

Wie bei jeder gut strukturierten Arbeit mit Pferden ist es auch hier sinnvoll, das Fundament vom Boden aus zu legen. Knotenhalfter und Arbeitsseil geben mir dabei die Möglichkeit, das Pferd entsprechend kontrollieren zu können.

Ich gehe folgendermaßen vor: Ich nehme zuerst ein kleineres Stück Plastikplane und knülle eine Ecke davon zu einem faustgroßen Knäuel zusammen. In der einen Hand halte ich das Arbeitsseil, in der anderen das Planenstück. Mit dem Planenknäuel beginne ich langsam, das Pferd abzureiben. Ich stehe am Kopf des Pferdes, beginne also im Halsbereich, und taste mich weiter Richtung Hinterhand vor.

Manche Pferde lassen zu Beginn überhaupt keinen Körperkontakt mit der Plane zu. Bei diesen fange ich zunächst an, einfach das Arbeitsseil abzureiben, nähere mich dabei aber schon langsam dem Kopf. Wird das akzeptiert, versuche ich, meine Aktion auf diesen auszudehnen. Ich reibe es damit seitlich am Maul ab, gehe weiter zur Backe, zum Hals und weite auf diese Weise meine Aktivitäten zusehends aus. Ich betreibe Fellchenkraulen mit dem Plastikknäuel – was ich mache, soll dem Pferd gut tun.

Mit einer Plastikplane am Körper berührt zu werden, ist für manche Pferde schon eine starke Herausforderung. Um ein Pferd dennoch daran zu gewöhnen, praktiziere ich eine Art »Fellchenkraulen« mit der Plane. Das tut dem Pferd gut, gleichzeitig verliert es den Schrecken vor diesem »Knisterding«.

Dann arbeite ich mich weiter vor zur Schulter, die Vorderbeine hinunter, zur Flanke, zum Bauch und zum Rücken. Dabei achte ich darauf, dass ich das Pferd stets gut vorne am Kopf kontrolliere. Versucht es, sich durch Weglaufen zu entziehen, gehe ich einfach mit. Die Plane lasse ich am Körper dran.

Falsch wäre es, die Plane immer in dem Moment wegzunehmen, in dem das Pferd davor zu flüchten beginnt. So würde es lernen, dass Flucht die

Lösung ist, um etwas Unangenehmes loszuwerden. Ebenso falsch wäre es, beruhigend auf das Pferd einzureden. Dadurch würde es für sein Fluchtverhalten gelobt und keine Verhaltensänderung entstehen.

Mit zunehmender Akzeptanz für die Berührung breite ich die Plane großflächiger auf dem Pferdekörper aus. Ich nehme die gleiche Prozedur auch an der anderen Seite des Pferdes vor, um auch hier dessen Akzeptanz zu bekommen. Wenn ich diese Seite vernachlässige, kommt es mitunter zu folgender Reaktion. Nehmen wir einmal an, ich stehe auf der linken Seite des Pferdes und arbeite auch an dieser. Um das Pferd nun über dem ganzen Rücken mit der Plane zu

Tut ein Pferd sich sehr schwer mit der Berührung durch die Plane, kann ich diese auch einfach mal in unmittelbarer Nähe des Pferdekopfes platzieren. Wenn es das duldet, wird es gelobt. Dann beginne ich zunächst, das Führseil mit dem Planenknäuel abzureiben. Ich arbeite mich langsam vor an den Kopf, die Backen, den Hals, usw.

Mit zunehmender Akzeptanz werde ich meine Aktionen immer weiter nach hinten ausdehnen. Wichtig ist es, das Pferd gut am Halfter zu kontrollieren. Sollte es sich zu entziehen versuchen, gehe ich einfach mit. Dabei lasse ich die Plane möglichst an seinem Körper dran.

Nun ist es bereits möglich, die Plane über dem ganzen Pferd auszubreiten. Zuvor hatte ich an dessen rechter Seite gearbeitet, um es auch hier an die Berührung mit der Plane zu gewöhnen. So vermeide ich, dass das Pferd beim Hinüberschieben der Plan über seinen Rücken plötzlich nach zur Seite springt und mich möglicherweise umrennt.

bedecken, schiebe ich diese über den Pferderücken und lasse sie auf die rechte Seite hinunterfallen. Ist das Pferd darauf nicht vorbereitet, kann es sich sehr erschrecken und vor der plötzlichen Berührung am rechten Flankenbereich nach links wegspringen und flüchten. Leicht kommt es vor, dass man dabei selbst überrannt wird.

So ging ich auch bei Felix vor, bald konnte ich nicht nur seinen Rücken mit der Plane bedecken, sondern seinen ganzen Körper inklusive seines Kopfes. Ich probierte es im nächsten Schritt vom Sattel aus, auch zunächst wieder mit kleinen Plastikstreifen, dann kleinen Planenteilen, die mit der Zeit immer größer wurden. Manchmal war Felix noch

Wind kommt auf, was den Schwierigkeitsgrad der Aufgabe noch wesentlich erhöht. Die Plane bläht sich plötzlich wie ein riesiger Luftsack über dem Körper des Pferdes auf.

irritiert und wollte wegspringen. Das kam aber immer seltener vor. Je weniger Erfolg er mit seinen Aktionen hatte, umso weniger traten sie auf.

Immer, wenn ich an eine Stelle komme, an der es nicht weitergeht, ist es wichtig, einen Schritt zurückzugehen und die vorhergehende Übung zu wiederholen. Damit festige ich das Gelernte und kann es erneut probieren.

Aber auch das kann dem Schimmel Novarro nichts mehr anhaben. Er ist gut vorbereitet, hat er doch inzwischen gelernt, dass Plastikplanen weder beißen, noch schlagen oder treten.

11. Mein Pferd will nicht durch Pfützen gehen

Problemvorstellung

Verweigert ein Pferd dem Menschen den Gehorsam, wenn es durch eine für ihn unsichere Situationen gehen soll, liegt der Grund oft an dem nicht geklärten Führungsverhältnis.

Hat der Mensch seinen Leitungsanspruch nicht eindeutig beim Pferd festgemacht, wird er nicht dessen Respekt erhalten. Respektiert das Pferd ihn nicht, kann er nicht erwarten, dass das Pferd ihm vertraut. Diese beiden Dinge gehören zusammen. Nur wenn der Mensch gelernt hat, seinem Pferd eine starke und an der Natur orientierte Führungspersönlichkeit zu sein, wird dieses bereit sein, ihm auch durch unsichere Situationen zu folgen.

Grundsätzlich gilt: Ein Pferd, das nicht in jede Pfütze hineintappt, ist ein kluges Pferd.
Könnte es nicht sein, dass sich hinter der kleinen Pfütze ein tiefes Loch verbirgt, in dem man sich die Beine brechen kann? Oder könnte es gar sein, dass aus der Pfütze ein Krokodil herauskommt und ihm in die Beine beißt? Kann ich ein Pferd für kluges Verhalten bestrafen?
Aber im Ernst: Die wenigsten Pferde werden von sich aus in eine kleine Pfütze treten, wenn sie darum herumgehen können. Das sind Risiken, die nicht sein müssen.
Etwas anderes ist es, wenn ich aus Gehorsamsgründen von meinem Pferd verlange, dass es durch eine Pfütze geht. Weigert es sich hier und nützen alle meine reiterlichen Einwirkungen nichts, ist es sinnvoll abzusteigen und die Dinge vom Boden aus zu klären. Manchmal ist es besser, das Problem erst einmal bestehen zu lassen, um es dann unter besseren Bedingungen gezielt anzugehen. Pfützen- oder Wassertraining sollte man gut planen. Eine gute Vorübung hierfür ist sicher das in Kapitel neun besprochene Planentraining. Sieht doch eine ausgebreitete weiße Plane ähnlich aus wie eine Pfütze.
Wir hatten lange Jahre am Rand unseres Reitplatzes eine Übungspfütze. Leider ist sie im Zuge einer Reitplatzerwei-

terung vor einiger Zeit aufgefüllt worden. So eine Übungspfütze ist wirklich eine tolle Sache, alle unsere Beritt- und Korrekturpferde mussten hier durch. Sobald sich eine Möglichkeit ergibt, werde ich wieder so eine Pfütze anlegen.

Lösungsvorschlag

Beim praktischen Pfützentraining gehe ich folgendermaßen vor: Ich statte das Pferd mit Knotenhalfter und Arbeitsseil aus. Den Kontaktstock habe ich als unterstützendes Arbeitsmittel dabei. Ich schicke das Pferd zunächst am Randbereich der Pfütze ein wenig im Kreis herum, so wie in Kapitel zwei beschrieben. Dann verändere ich meine Position so, dass das Pferd direkt auf die Pfütze zusteuern muss. Erfahrungsgemäß wird es vor der Pfütze anhalten und sich weigern, weiterzugehen. Ich gebe ihm zunächst ein wenig Zeit und lasse es schauen.

Dann beginne ich, mit der Schnur des Kontaktstockes hinter dem Pferd auf den Boden zu schlagen. Dadurch baue ich Druck von hinten auf. Durch den Druck soll das Pferd dazu animiert werden, sich weiter in Richtung Pfütze zu bewegen. Versucht das Pferd, nach außen auszuweichen, kann ich das über mein Seil verhindern. Will es in meine Richtung ausweichen, verhindere ich das mit dem Kontaktstock und treibe es wieder in die Ausgangsposition. Ich wirke dabei auf seine Schulter ein.

Auf diese Weise setze ich dem Pferd einen Rahmen, der es nach rechts und links begrenzt. Die »Vordertüre« ist offen und führt zur Pfütze. Von hinten mache ich Druck, um das Pferd durch die geöffnete »Vordertüre« zu schicken. Versucht es, sich zu entziehen, indem es umdreht und in die Gegenrichtung läuft, schicke ich es sofort wieder in Richtung Pfütze. An der Pfütze darf es eine Pause machen. Es wird erkennen, dass es viel komfortabler ist, an der Pfütze zu stehen, als ständig hin und her geschickt zu werden.

Eine andere gute Möglichkeit ist, z.B. mit Hilfe von Cavalletti oder Sprungstangen einen »Fang« zu bauen. Also eine Art Schleuse, die trichterförmig angeordnet, einen erweiterten Eingangsbereich hat und zum Hindernis, also zur Pfütze hin, enger wird (wie in Kapitel 13 und 14 abgebildet). Auch so kann ich das Pferd gut seitlich begrenzen, ihm die Bewegungsrichtung vorgeben und ein Ausbrechen erschweren.

Nach der kleinen Pause beginne ich von neuem, hinter dem Pferd einzuwirken. Dies zunächst mit mäßigem Druck, den ich dann nach Bedarf steigere. Ich schlage so lange mit dem Kontaktstock hinter dem Pferd auf den Boden, bis dieses einen deutlichen Ansatz zeigt, sich nach vorne in Bewegung zu setzen. Augenblicklich stelle ich meine Aktion ein und gebe ihm eine Pause. So belohne ich es für die richtige Idee. Danach beginne ich wieder nach dem gleichen Muster. Immer, wenn das Pferd sich in die gewünschte Richtung bewegt, wird sofort mit dem Treiben aufgehört. Bewegt es sich nicht oder vielleicht rückwärts, verstärke ich das Treiben, um bei entsprechender Reaktion sofort wieder damit aufzuhören. Dadurch bekommt das Pferd eine Idee, was ich von ihm möchte. So wird es lernen, zunächst in kleinen Schritten an den Rand der Pfütze, aber bald auch ganz hindurchzugehen. Dafür wird es dann ausführlich gelobt.

Dieser Vorgang wird noch ein paar Mal wiederholt, bis das Pferd verstanden hat, dass von der Pfütze keine Gefahr ausgeht. Gleichzeitig wird es lernen, dass es auf meine Anforderungen zu achten hat. Dabei lernt das ängstliche Pferd, dass es dem Menschen vertrauen und dorthin gehen kann, wo dieser es hinschickt, ohne dass ihm etwas passiert. Das Pferd, das seinen Menschen »austesten« will, wird lernen, dass es mit diesen Spielchen nicht weiterkommt. Sein Respekt vor dem Menschen wird wachsen. In welcher Zeit das Pferd seine Scheu vor dem Wasser verliert, liegt an der Geschicklichkeit oder Überzeugungskraft des Menschen, ist aber auch vom Pferdtyp und seiner Persönlichkeitsstruktur abhängig.

Unsere alte »Übungspfütze«. Hier wird der Eintritt in die Pfütze noch durch eine am Rand liegende Schwelle erschwert, über die das Pferd zusätzlich steigen muss. Beginne ich allerdings gerade erst damit, mit einem Pferd an dieser Aufgabe zu arbeiten, sollte ich es ihm nicht unnötig schwer machen.

12. Mein Pferd will nicht durch einen Flattervorhang gehen

Problemvorstellung

Die Aufgabenstellung ist im Grunde genommen dieselbe wie in Kapitel 11. Auch die Vorgehensweise unterscheidet sich nicht wesentlich. Ob ich ein Pferd über eine Plane, durch eine Pfütze, in den Hänger oder durch einen Flattervorhang schicken möchte, ich setze ihm immer diesen einen Rahmen:

- Ich begrenze links und rechts,
- nach vorne zum Hindernis ist die »Tür« geöffnet,
- hinten gebe ich einen entsprechenden Impuls. Dieser Impuls soll das Pferd veranlassen, durch die geöffnete »Vordertüre« zu gehen, die zwangsläufig in oder durch das zu passierende Hindernis führt.

Flattervorhänge finden wir vorwiegend im Reiter-Rallye- oder Trail-Parcours. Sie gilt es zu durchreiten, um die Unerschrockenheit des Pferdes oder auch das Vertrauen zwischen Mensch und Tier unter Beweis zu stellen. In der Natur finden wir durchaus vergleichbare Herausforderungen, z.B. in Form von zugewachsenen Pfaden oder dichten Buschlandschaften.

Idealerweise sollte das Pferd seinem Reiter vertrauen und quasi »blind« durchs Dickicht weitergehen.

Weigert sich ein Pferd partout, durch einen Flattervorhang zu gehen, zeigt das, dass im Verhältnis zwischen Pferd und Reiter noch Defizite vorhanden sind.

Es kann sein, dass diese Aufgabe noch nicht geübt wurde. Die Angst des Pferdes ist dann meist noch größer, als das Vertrauen zu seinem Reiter. Es kann aber auch sein, dass das Pferd aus Prinzip »nein« sagt, obwohl es eigentlich gar keine Angst hat. Es stellt damit die Autorität des Menschen in Frage.

Was auch immer der Grund für das Verhalten des Pferdes ist, es lohnt sich immer, miteinander zu lernen, Herausforderungen anzunehmen und sie zu bewältigen.
Das ängstliche Pferd bekommt Selbstvertrauen und es macht die Erfahrung, dass es sich auch in beängstigenden Situationen auf seinen Reiter verlassen kann.

Dem widersetzlichen Pferd werden Grenzen aufgezeigt. Es lernt, dass es mit seinem Menschen keine »Spielchen« machen darf. Der Mensch wiederum erhält eine Menge Respekt, was seine Rolle als Leitungsautorität wesentlich unterstützt.

Einen Flattervorhang kann man leicht selber bauen. Meinen habe ich beispielsweise aus einem Stück einer ausgemusterten Schaufensterjalousie gemacht. Im oberen Bereich wurde ein Stück des Stoffes umgenäht, dadurch entstand ein Schlauch. In diesen kam dann eine entsprechend lange Holzlatte, die dem Ganzen den nötigen Halt gab. Der Rest des Stoffes wurde mit einem Teppichmesser in lange Streifen geschnitten.
Genauso gut kann man auch gleich lange Streifen weißrotes Straßenabsperrband an eine Stange knüpfen. Auch handelsübliche Fliegenvorhänge aus bunten Plastikstreifen eignen sich sehr gut fürs Training.

Lösungsvorschlag

Will ich mit meinem Pferd das Passieren des Streifenvorhanges erarbeiten, ist es sinnvoll, das zunächst vom Boden aus zu tun. Danach ist es in der Regel kein Problem mehr, diese Aufgabe auch vom Sattel aus zu bewältigen.
Wie geht man dabei vor? Suchen Sie sich am besten einen Platz für den Flattervorhang, der seitlich durch eine Wand, die Bande oder einen Zaun begrenzt ist. So haben Sie nach außen eine Begrenzung und ein Teil Ihres Rahmens ist auf diese Weise geschlossen.
Auch für die Innenseite sollten Sie sich eine Begrenzung suchen. Diese Begrenzung können durchaus Sie selbst sein, wenn Sie sich das zutrauen. Sie können aber auch eine »trichterförmige Schleuse« bauen, z.B. mit Hilfe von Stangen, eines Seiles oder eines Trassierbandes.
Ich persönlich nutze gerne ein Kunststoff-Fass als innere Begrenzung. So kann ich das Pferd zwischen diesem und dem Zaun hindurchschicken.
Zu Beginn ist es sicher hilfreich für das Pferd, wenn der Streifenvorhang noch nicht komplett geschlossen ist. Es sieht auf diese Weise, wo es hin soll und wird sich mit Sicherheit so wesentlich leichter tun, den Streifenvorhang zu passieren, als gleich durch eine »geschlossene Wand« zu gehen.
Ich nehme einfach ein paar Streifen aus der Mitte und befestige sie an der Seite, so dass ich einen gut sichtbaren »Durchschlupf« bekomme. Oft ist es dann für das Pferd immer noch nicht leicht, da hindurchzugehen. Es gibt Pferde, die vor der Enge Angst haben, andere Kandidaten mögen die Berührung durch die Kunststoffstreifen nicht.
Zum Training rüste ich das Pferd mit Knotenhalfter und Arbeitsseil aus. Ich benutze entweder den Kontaktstock oder eine lange Dressurgerte, um das Pferd zu treiben.
Ich möchte erreichen, dass sich das Pferd von mir durch den Flattervorhang schicken lässt. Natürlich könnte ich auch vor ihm durch den Vorhang gehen. Meine Erfahrung hat mich aber gelehrt, dass es einfacher ist, das Pferd zu schicken. So kann ich gezielter hinter ihm einwirken, kann es vorwärts treiben und muss es nicht ziehen.
Von vorne habe ich keinerlei Einwirkungsmöglichkeit auf seine Hinterhand. Selbstverständlich könnte ich in diesem Fall auch mit einem Helfer arbeiten, der das Treiben übernimmt. Dennoch besteht die Gefahr, dass ein Pferd im Hindernis plötzlich Stress bekommt und es fluchtartig nach vorne verlassen möchte. Dann ist die Gefahr groß, dass ich umgerannt werde.
Ziehe ich als Hilfsmittel den Kontaktstock vor, werde ich bei der praktischen Durchführung genau so verfahren wie

beim Pfützentraining. Arbeite ich lieber mit der langen Gerte, entspricht die Arbeitsweise exakt der vom Verladetraining (siehe Kapitel18). Da die Arbeitstechniken in den entsprechenden Kapiteln ausführlich beschrieben werden, verzichte ich an dieser Stelle darauf, noch einmal detailliert darauf einzugehen.

Hat mein Pferd gelernt, durch den geöffneten Flattervorhang zu gehen, werde ich mit meiner Arbeit fortfahren, dabei aber den »Durchschlupf« immer enger machen. Dazu löse ich nach und nach die einzelnen zur Seite gehängten Streifen. Zum Schluss ist der Flattervorhang komplett geschlossen.

Auf diese Weise lernt das Pferd, seine Angst Schritt für Schritt zu überwinden. Der Flattervorhang hat seinen Schrecken verloren, und das Pferd sollte nun ohne zu zögern durch ihn hindurchgehen. Das nächste Ziel könnte sein, das Pferd durch einen Flattervorhang hindurchzulongieren.

Da gehe ich nicht durch, auf keinen Fall, signalisiert der Appaloosa-Wallach Luc. Der geschlossene Vorhang macht ihm Angst. Er wirkt auf ihn wie eine geschlossene Wand.

Luc versucht es trotzdem. Kurz bevor seine Nase aber den Vorhang berührt, zieht er die »Handbremse«. Im letzten Augenblick verlässt ihn der Mut – Rückzug ist angesagt.

Ein neuer Versuch. Zuvor habe ich die Fransen des Vorhangs weit zur Seite gehängt, damit Luc hindurchschauen kann. Jetzt sieht er schon etwas entspannter aus ...

Er wagt es. Noch etwas unsicher, mit eingezogenem Kopf – das Ding könnte ja auf ihn fallen – windet er sich unter dem Vorhang durch. Eine erste positive Erfahrung ist gemacht.

Nachdem die Situation mit dem weit geöffneten Vorhang einige Male geübt wurde, wird nun die Anforderung gesteigert. Der Vorhang ist nur noch halb geöffnet. Souverän meistert Luc diese Aufgabe.

Der Durchgang wird zusehends enger gemacht. Noch kann Luc seinen Kopf hindurchstecken. Dies hilft ihm, den Vorhang ohne Scheu zu durchschreiten.

Aber schon wird es wieder kritisch. Der Vorhang ist komplett geschlossen. Luc schiebt zunächst skeptisch die Nase durch die Plastikstreifen. Vielleicht fällt das Ding mir doch auf den Kopf ... Mit dem Kontaktstock treibe ich nach, um ihn an einem eventuellen Rückzug zu hindern.

Es ist geschafft! Der Vorhang stellt keine Gefahr mehr für Luc dar. Entspannt und ohne Hektik passiert er nun den verhängten Engpass. Er hat eine neue positive Erfahrung gemacht.

13. Die Tücke mit der Brücke

Problembeschreibung

Das Überschreiten von Brücke, Steg oder Wippe ist eine beliebte Aufgabe im Bereich »Trail«.

Aber auch Wander- oder Geländereiter können immer wieder in die Situation kommen, mit ihren Pferden Brücken oder Stege überqueren zu müssen, um ihren Weg fortsetzen zu können. Ist ein Pferd hierzu nicht bereit, bedeutet das oft, viele lange Umwege einzuplanen und eine enorme Zeitverzögerung. Oft ist es mir selbst auf Wanderritten so gegangen, dass ich plötzlich vor einer schmalen Fußgängerbrücke stand, die es zu überqueren galt. Ich kann mich noch gut an das mulmige Gefühl im Magen erinnern, wenn wir uns dann mitten auf einer vielleicht einen Meter breiten Brücke über einem Fluss befanden. Hier braucht man starke Nerven, um nicht selbst in Panik zu geraten.

Ich habe schon viele Storys von Freunden über ihre Erlebnisse beim Überqueren von Brücken erzählt bekommen. Sie machen einem diese Herausforderung nicht unbedingt angenehm ... Es ist absolut wichtig, sich die Brücke, über die man reiten möchte, genau anzuschauen. Sollte man Zweifel haben, dass sie das Gewicht des Pferdes tragen kann, bitte keinesfalls draufreiten. Oft genug bleibt dennoch ein Restrisiko, denn manche Schäden liegen im Verborgenen. Ich halte es immer für sicherer, auf unbekannten und unsicheren Brücken vom Pferd abzusteigen und diese zu Fuß zu überqueren. Über hohl und dumpf klingende Holzbrücken zu gehen, ist schon eine besondere Herausforderung für das Fluchttier Pferd.

Immer wieder höre ich von Pferden, die mit einem oder gar mehreren Beinen durch die morschen Planken einer Brücke gebrochen sind. In einem Fall sogar mit allen vier Beinen.

In einem anderen Fall brach die ganze Brücke zusammen, weil die tragenden Balken morsch waren.

Ein Pferd brach durch das Brückengeländer und stürzte in den Fluss. Ein anderes Mal begann eine Brücke sogar zu schwingen, während Pferd und Reiter mitten drauf waren. Das Pferd bekam Panik, wollte nur noch dem schwankenden Boden entfliehen und startete durch. Auf den glatten Planken rutschten ihm die Hufe weg. Zum Glück konnte es sich wieder fangen und erreichte heil das andere Ufer. Leicht hätte es stürzen, seitlich mit den Beinen abgleiten und durch das Geländer brechen können. Schreckens-Szenarien, die wir uns am besten nicht weiter ausmalen sollten ...

Dennoch und gerade deswegen sollten wir das Überqueren von Brücken üben.
Das Training zum Überqueren von Brücken und Wippen ist immer auch Bestandteil meiner Trail-Reitkurse.
Meine Brücke habe ich aus vier zusammengeschraubten Baubohlen gebaut. Ich kann sie als Brücke, aber durch einen kleinen Umbau auch als Wippe benutzen.
Bohlen sind in jedem Baumarkt, beim Baustoffhändler oder auch im Holzhandel erhältlich. Sie sind meist 4 cm dick, 28 cm breit und in unterschiedlichen Längen zu bekommen. Ich benutze sie in einer Länge von drei Metern. Das hat allerdings alleine den Grund, dass ich sie so in einem Hänger transportieren kann.
Will ich diesen Bohlenverbund als Brücke benutzen, schiebe ich seitlich Metallhalter ein, an die ich dann das Brückengeländer anschrauben kann. Möchte ich das Ding als Wippe verwenden, habe ich mittig unter den Bohlen ein Lager angebracht, welches in einen dafür gebauten Metallbock eingelegt wird. Hier könnte man aber auch ein einfaches Rundholz unterlegen. Auch die Wippe kann ich zunächst mit Brückengeländer verwenden und dem Pferd dadurch eine seitliche Begrenzung beim Training geben.

Trainigsablauf

Das Training an der Brücke gestaltet sich wieder genau wie im zuvor beschriebenen Kapitel beim Durchreiten des Flattervorhanges. Ich kann versuchen, mit oder ohne »Schleuse« zu arbeiten. Arbeite ich mit »Schleuse«, stelle ich die Brücke mit einer Seite an eine vorhandene Begrenzung oder ich baue gleich eine Begrenzung für beide Seiten. Also einen Gang, der hinten breit beginnt und sich zur Brücke hin trichterförmig verengt und am Brückengeländer endet.
Ich stehe seitlich am Kopf des Pferdes, neben der Brücke oder der »Schleuse« und schicke das Pferd alleine darüber. Auch hier arbeite ich entweder mit meinem Kontaktstock oder einer langen Gerte.

Ich verfolge immer die Logik der kleinen Schritte. Ich setze einen Reiz und steigere diesen zunehmend, bis das Pferd sich in die gewünschte Richtung bewegt. Pause, Lob, Streicheleinheiten. Das Pferd gucken und das Erlebte speichern lassen.

Dann fahre ich in gleicher Weise fort. Ich bewege mich dabei zunächst parallel zum Pferd. Hat das Pferd gelernt, die Brücke zu überwinden und dabei sogar etwas Routine entwickelt, kann ich den Schwierigkeitsgrad erhöhen und es darüber longieren.
Ganz wichtig ist es, dass man sein Pferd auf der Brücke anhalten kann. Das Pferd muss lernen, nicht über die Brücke hinwegzustürmen. Dazu stoppe ich es immer wieder auf der Brücke, lobe und streichele es. Ich scheue mich auch nicht, ihm in dieser Phase mal ein Leckerli anzubieten.
Im letzten Schritt sollte dem Pferd beigebracht werden, sich über die Brücke führen zu lassen, während man selbst vorausgeht. Bestand am Anfang des Trainings noch die Gefahr, dass das Pferd einen dabei umrennen könnte, sollte es jetzt so viel Losgelassenheit entwickelt haben, dass keine Panik-Attacken mehr auf der Brücke zu erwarten sind.

13. Die Tücke mit der Brücke

Die Missouri-Foxtrotter-Stute Mary Lou weigert sich, über die Brücke zu gehen. Dabei versucht sie, seitlich auszuweichen, um sich zu entziehen.

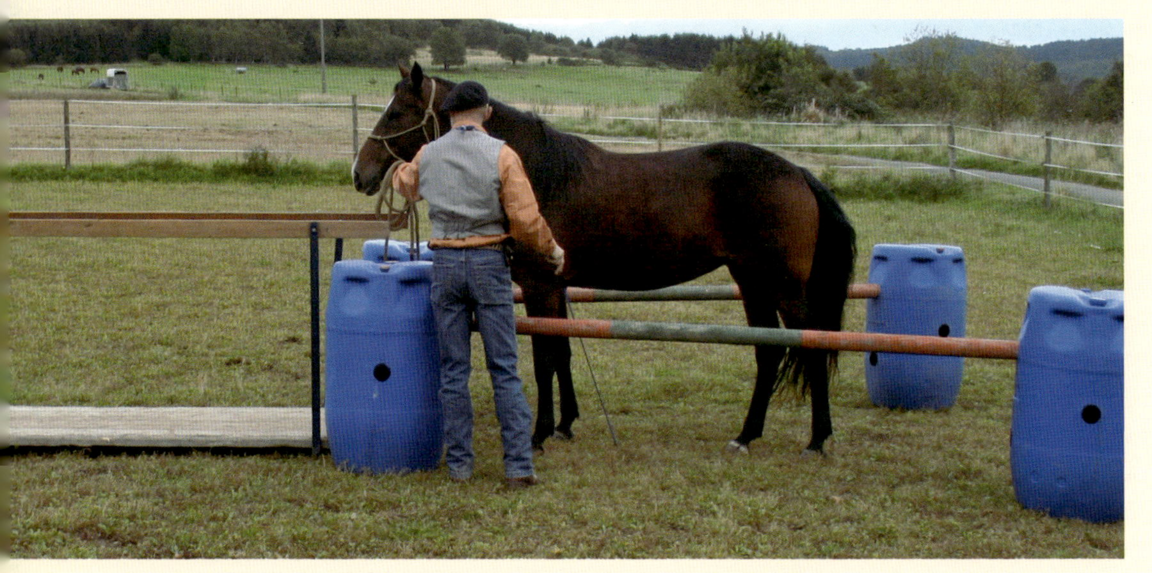

Um es hier nicht auf einen »Kampf« ankommen zu lassen, habe ich einen so genannten Fang gebaut. Also eine Art Schleuse, die hinten einen breiten Eingang hat, nach vorne immer enger wird und schließlich am Brückengeländer endet. So wird das Pferd seitlich begrenzt und kann sich nicht mehr so leicht entziehen.

Durch Tippen mit der Gerte am Schweifansatz habe ich Mary Lou dazu veranlasst, mit den Vorderbeinen auf die Brücke zu gehen. Sofort darf sie eine Pause machen und wird zur Belohnung mit der Gerte gestreichelt.

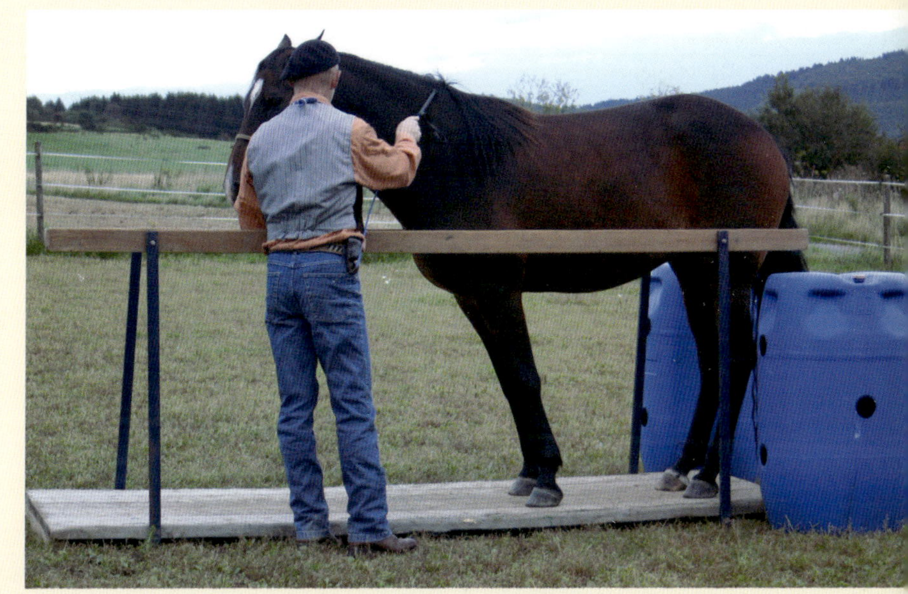

Nun steht sie auch mit den Hinterbeinen auf der Brücke. Wieder darf die Stute eine Pause machen und wird ausgiebig gestreichelt. So wird das Pferd für jeden Schritt in die richtige Richtung augenblicklich belohnt. Es lernt außerdem, still und entspannt auf der Brücke stehen zu bleiben.

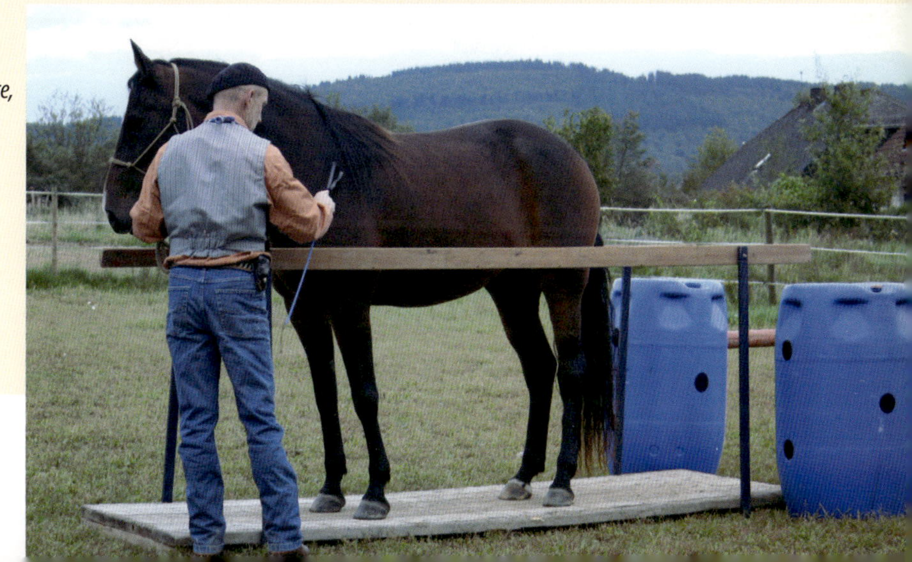

Wieder ein Schritt weiter. Arbeite ich nach der Methode der kleinen Schritte, wird das Pferd nicht überfordert. Im Gegenteil: Es lernt, dass Mitarbeit Vorteile bringt.

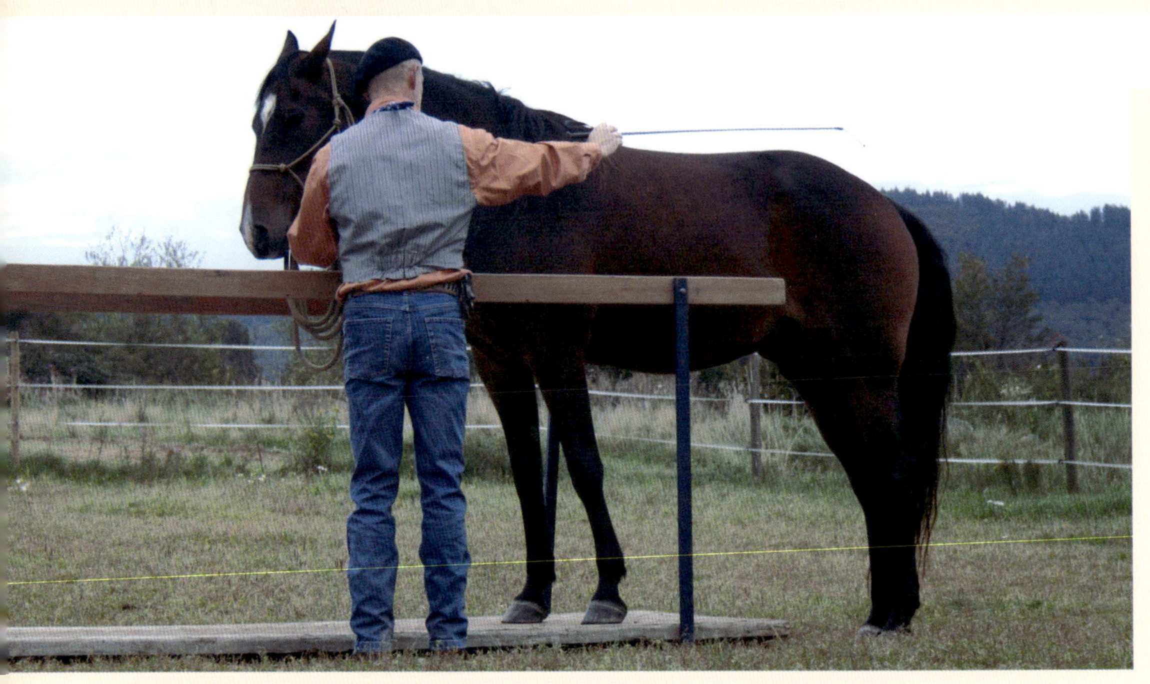

Die Schleuse ist abgebaut. Im Vorfeld hat Mary Lou mit deren Hilfe gelernt, Schritt für Schritt über die Brücke zu gehen. Hier bin ich gerade dabei, das Pferd durch einen Touchier-Reiz am Schweifansatz zum Weitergehen aufzufordern.

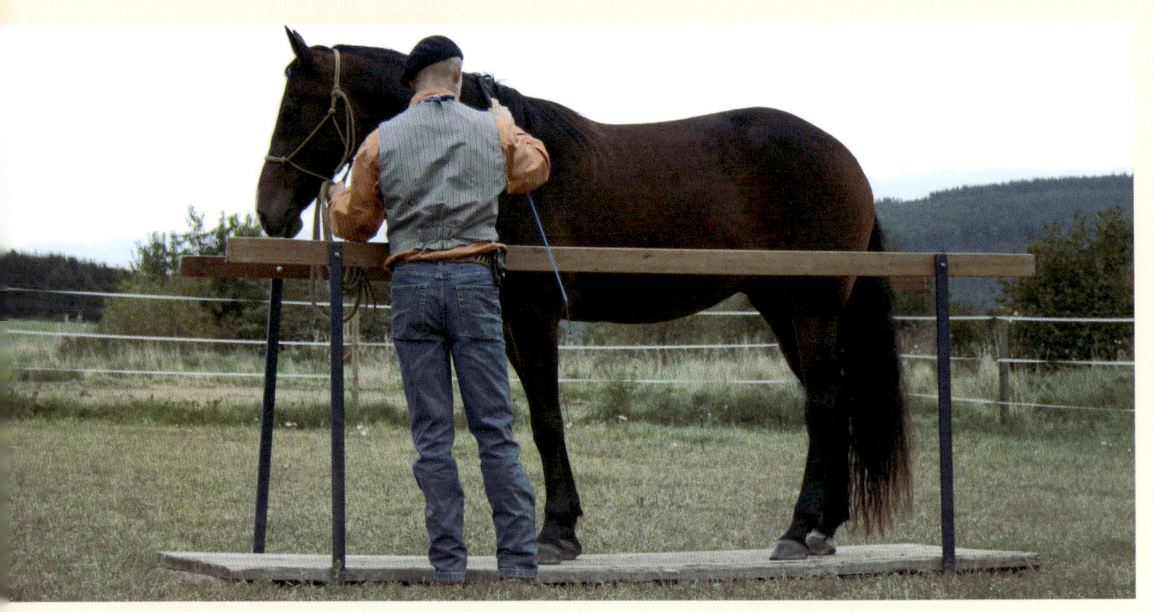

Und wieder stillstehen, Pause und streicheln. Die Stute steht jetzt komplett auf der Brücke. Dabei ist sie recht aufmerksam, aber auch entspannt.

Die Herausforderungen werden gesteigert. Dazu habe ich die Übungsbrücke höher gelegt und in der Mitte zusätzlich unterstützt, damit sie sich nicht durchbiegt. Nun muss das Pferd noch eine Stufe bewältigen, um auf die Brücke zu kommen.

Die gute Vorarbeit hat sich gelohnt. Sichtlich entspannt und dem Menschen zugewandt, steht Mary Lou artig auf der erhöhten Brücke und wartet, was als Nächstes dran ist.

14. Hilfe, das Ding kippt – Herausforderung Wippe

Problembeschreibung

Man kann sich durchaus darüber streiten, ob es wirklich nötig ist, dass ein Pferd lernt, über eine Wippe zu gehen, da sie kein natürliches Hindernis darstellt. Bei Trail-Turnieren oder Reiter-Rallyes findet man sie mitunter als besondere Herausforderung. Ich persönlich benutze sie gerne, um mit meinen Pferden darauf zu »spielen« und zu balancieren. Ich habe in Verbindung mit der Wippe viele tolle Spielarten entwickelt. Nicht dass diese Spiele einen besonderen reiterlichen Nutzen hätten, aber sie machen Spaß, fördern das Miteinander und sind tolle vertrauensbildende Maßnahme. Ebenso empfinden das auch andere Reiter, deshalb möchte ich mich in diesem Kapitel mit der Herausforderung »Wippe« beschäftigen.

Lösungsvorschlag

Möchte ich ein Pferd an das Überqueren einer Wippe gewöhnen, gehe ich im Training genauso vor wie bei der Brücke. Erschwerend kommt bei der Wippe der »Kipp-Effekt« hinzu. Ich beginne damit, das Pferd zunächst einfach über die am Boden liegenden Bretter der Wippe zu führen. Es

Die Schleuse. Solche Kunststofftonnen kann man mitunter als Abfallprodukt von der pharmazeutischen Industrie bekommen. Sägt man mit einer Stichsäge entsprechende Löcher dort hinein, kam man daraus sehr schöne Hinderniskombinationen, aber auch Schleusen und Begrenzungen machen.

soll erst lernen, vertrauensvoll und ohne Stress diese Aufgabe zu bewältigen, bevor dann der besondere »Kipp-Effekt« eingebaut wird.

Bereits diese einfache Übung ist für manche Pferde eine große Herausforderung. Sie verweigern sich oder versuchen, seitlich an dem Holzboden vorbeizustürmen. Andere treten zunächst vertrauensvoll darauf, bekommen dann plötzlich Angst und versuchen, sich durch einen kühnen Sprung zur Seite in Sicherheit zu bringen. Manchmal landen sie dabei dann direkt auf dem Fuß ihres Trainers.

Um das Problem des seitlichen Ausbrechens abzustellen, bietet es sich auch hier an, die Wippe mit Hilfe von Stangen oder Absperrbändern nach beiden Seiten zu begrenzen. Der Weg nach vorne bleibt offen. Damit das Pferd nicht schon vor der Wippe versucht, sich seitlich zu entziehen, kann die bereits erwähnte trichterförmige »Schleuse« wieder gute Hilfe leisten.

Hat das einfache Überschreiten der Wippenbretter seinen Schrecken verloren, wird es jetzt langsam »kippelig«. Durch das Unterlegen eines dünneren Balkens unter die Mitte der Brücke, wird zunächst ein ganz leichter »Kipp-Effekt« eingebaut. Hat das Pferd gelernt, dass ihm auch dann keine Gefahr droht, wenn der Untergrund beweglicher wird, kann der Balken dicker werden. Dadurch erhöht sich der Ausschlag der Wippe und somit der »Kipp-Effekt«. So kann durch den Einsatz von immer dickeren Balken die Herausforderung bis zum erwünschten Erfolg gesteigert werden.

Auch an dieser Stelle ist es die schrittweise Steigerung der Anforderungen, die letztlich die gute Leistung hervorbringt. Hier heißt es: Fordern, um zu fördern, aber ohne das Pferd dabei zu überfordern.

Hat das Pferd gelernt, über die Wippe zu gehen, hat diese ihren Schrecken verloren. Die seitliche Begrenzung kann nun nach und nach abgebaut werden. Zunächst entferne ich nur die Begrenzung zu meiner Seite hin. So habe ich noch eine gute Kontrolle nach außen, durch meine Führposition innen kann ich das Pferd leicht in der Spur halten. Mit zunehmender Übung und Sicherheit des Pferdes wird dann auch die äußere Begrenzung wegfallen können.

Verschieden dicke Vierkanthölzer unter die Mitte der Wippe gelegt, sorgen für einen unterschiedlichen Kipp-Effekt. Hier könnte man auch Rundhölzer verwenden. Diese sollten dann aber unter dem Mittelpunkt der Wippe fixiert werden, um beim Üben ein Wegrollen der Wippe zu verhindern.

Nachdem das Überschreiten des »Wipp-Brettes« erfolgreich geübt wurde, kann ein dünnes Vierkantholz untergelegt werden, um einen ersten kleinen Kipp-Effekt zu erzielen.

14. Hilfe, das Ding kippt – Herausforderung Wippe

Painthorse Indio denkt gar nicht daran, auf dieses Brett zu treten. Als Reaktion auf die treibende Gerte an seinem Schweifansatz schlägt er ärgerlich mit beiden Hinterbeinen aus.

Ich versuche es einfach mit Führen. Auch das klappt nicht. Das Pferd bricht zur Seite aus und ist nicht dazu zu bewegen, die Wippe auch nur zu berühren.

Ich versuche es wieder mit der Gerte. Dieses Mal stellt sich Indio einfach quer, indem er mit der Hinterhand nach rechts ausweicht.

Ich baue eine Stangenbegrenzung nach rechts, um das Ausscheren mit der Hinterhand zu unterbinden. Für Indio kein Problem. Er nimmt den Hintern einfach nach links. Auch so geht es nicht.

Die Schleuse muss her. Von beiden Seiten gut eingerahmt akzeptiert Indio schließlich meine Anforderung und lässt sich animieren, über das am Boden liegende Wippbrett zu gehen.

Nachdem ich mit Indio alle im Text beschriebenen Stufen zur Erarbeitung der Wippe beschritten habe, hat er gelernt, die unterschiedlichen Schwierigkeitsgrade zu meistern. Inzwischen sind auch alle äußeren Begrenzungen abgebaut.

Selbst in dem Moment, in dem das Ding kippt, regt Indio sich nicht mehr auf. Ohne loszuspringen, die Aufmerksamkeit bei seinem Mensch, was man sehr schön auch an seiner Ohrstellung sieht, überschreitet er souverän die Wippe.

15. Der Weg zum Dauerparker

Aufgabenbeschreibung

Ein Pferd unangebunden stehen lassen zu können, ist eine äußerst praktische Sache.

Es ist ein Relikt aus der Cowboyzeit, in der es außer den Pferden kein anderes Fortbewegungsmittel gab. Das Pferd war der wichtigste Helfer des Cowboys und ist es teilweise auch heute noch. Viele Kilometer Zaun mussten abgeritten und kontrolliert werden. Gab es etwas zu reparieren, musste der Cowboy das erledigen können, ohne sich nach einer Anbindegelegenheit für sein Pferd umschauen zu müssen. Das Pferd festhalten konnte er auch nicht, er brauchte beide Hände zum Arbeiten. Was lag also näher, als dem Pferd beizubringen, eigenverantwortlich an Ort und Stelle zu warten, bis es wieder gebraucht wurde.

Auch heute bringen Westernreiter ihren Pferden das Stoppen auf das Kommando »Whoaw« und das Ground tying gerne bei. Auf das Kommando »Whoaw« hat ein gut ausgebildetes Westernpferd gelernt, augenblicklich aus allen Lebenslagen anzuhalten und stehen zu bleiben. Wer allerdings meint, das Pferd täte das von ganz alleine und automatisch, der täuscht sich. Auch das Westernpferd muss das zunächst durch ein konsequentes Trainingsprogramm lernen.

Dabei ist der Erfolg nicht an das Wörtchen »Whoaw« geknüpft, das Pferd ist während der Ausbildung lediglich auf diesen Laut konditioniert worden. Hätte man es auf »Salami« geprägt, würde es auch auf den Namen dieser leckeren Wurstsorte anhalten.

Ebenso gut kann man die Begriffe »Halt«, »Steh«, »Bleib« oder Ähnliche verwenden.

Beim Westernreiten spricht man wie gesagt vom Ground tying, was so viel bedeutet wie »am Boden angebunden sein«. Dabei werden dem Pferd die Zügel vom Hals genommen und die Zügelenden auf den Boden gelegt. Das ist das Zeichen für das Pferd, an Ort und Stelle zu verweilen. Trainiert wird das tatsächlich in vielen Fällen mit einem in den Boden eingelassenen Ring, an dem das Pferd (für es selbst nicht sichtbar) angebunden wird. Eine nicht ungefährliche Trainingsmethode, von der ich abrate.

Arbeitsvorschlag

Ich trainiere das Ground tying auf eine andere Art und Weise. Das Pferd trägt dabei Knotenhalfter und Arbeitsseil. Ich lasse es an einer geeigneten Stelle stehen, baue mich vor ihm auf, schaue es warnend an und hebe den Zeigefinger. Gleichzeitig erhält es das Kommando: »Steh!« Dabei hängt das Arbeitsseil Richtung Boden. Ich halte lediglich das hinterste Ende des Seils in meiner Hand. So ist das Pferd zwar nicht angebunden, dennoch habe ich die Kontrolle und kann korrigierend eingreifen, sollte es gegen meine Anweisung einfach seinen »Parkplatz« verlassen wollen.

Befolgt das Pferd meine Anweisung, senke ich langsam meine Hand und entspanne mich. Gleichzeitig loben ich es und warte einen Augenblick ab. Bleibt das Pferd immer noch diszipliniert, beginne ich, mich langsam von ihm zu entfernen. Dabei behalte ich es im Auge, um ihm im Bedarfsfall ein warnendes »Steh« zuzurufen. Automatisch nimmt dabei auch mein Körper eine »bedrohlichere« Haltung ein. Meist merkt man schon im Vorfeld, wenn das Pferd seine Position verlassen möchte. Ist es zuvor entspannt gestanden, wird es sich jetzt Anspannen und dabei sicher den Kopf heben. Auf das kleinste Anzeichen hin werde ich aktiv. Reicht die verbale Aufforderung nicht, um das Pferd zu »beeindrucken«, mache ich mich zusätzlich groß und gehe aggressiv auf dieses zu.

Reagiert es jetzt, entspanne ich mich sofort wieder, nehme jegliche aggressive Züge aus meiner Körperhaltung, senke meinen Blick und biete dem Pferd Komfort.

Geht es hierauf nicht ein und setzt es sich tatsächlich in Bewegung, werde ich ihm mit Nachdruck meinen Befehl klarmachen. Zusätzlich zu meiner »aggressiven« Körperhaltung werde ich beginnen, das Arbeitsseil heftig hin und her zu schütteln. Dadurch erhält das Pferd über Seil und Knotenhalfter plötzliche und unangenehme Impulse auf Nase, Kinn und Genick. Erschreckt wird es zurückweichen. Augenblicklich nehme ich alle Einwirkungen weg, entspanne mich wieder und verbreite eine angenehme Atmosphäre.

Im Laufe der Jahre habe ich herausgefunden, dass es viel wirkungsvoller ist, dem Pferd lieber einmal »richtig Bescheid zu sagen« und die Verhältnisse zu klären. Ich nenne das dann: Eine Bombe platzen lassen. Das ist wesentlich effektiver, als das Pferd zehnmal sanft zurück auf seinen Platz zu verweisen. Dadurch lernt es nicht wirklich, mich ernst zu nehmen und zu respektieren.

Pferde können gut mit diesem Druck umgehen, kennen sie ihn doch aus ihrem Miteinander in der Herde. Außerdem wollen Pferde Klarheit, an der sie sich orientieren können. Es ist erstaunlich, wie zufrieden sie danach sind. Bei manchen Pferden reicht eine dieser »geplatzen Bomben«, andere wollen es genau wissen und brauchen mehrere.

Hat mein Pferd die Aufgabe grundsätzlich verstanden, kann ich damit beginnen, mein Training unter erschwerten Bedingungen fortzusetzen. Dazu werde ich versuchen, mich immer weiter von ihm zu entfernen. Immer wenn es meint, seine Position selbstständig verlassen zu können, wirke ich in oben beschriebener Weise ein.

Ich bewege mich rechts und auch links von ihm, gehe hin und her und gewöhne es daran, auch dann stehen zu bleiben, wenn in seinem Umfeld viel los ist.

Akzeptiert es diese Vorgaben gut, beginne ich, die Distanz zu ihm zu vergrößern. Dabei tausche ich das vier Meter lange Arbeitsseil gegen ein längeres, um einen größeren Aktionsradius zu bekommen. Ich behalte das Seilende aber immer noch in meiner Hand, während der Rest des Seils am Boden liegt. So kann ich unterschiedliche Trainingssituationen herstellen. Mal gehe ich in den angrenzenden Stall, um zu testen, ob das Pferd auch während meiner Abwesenheit seiner Verpflichtung zum Parken nachkommt. Steht das Pferd auf Pflastersteinen, kann ich durch die Hufgeräusche feststellen, ob es sich wegbewegt. Höre ich sein Trappeln, werde ich sofort aktiv. Mit einem entsprechend langen Seil kann ich das auch aus dem Inneren des Stalles heraus. Das Pferd wird verblüfft sein und lernen, dass ich auch in meiner Abwesenheit alles sehe. Natürlich kann ich es auch aus dem Verborgenen beobachten, wenn der Boden zu weich ist, um Hufgeräusche wahrnehmen zu lassen.

Ich kann mich in einiger Entfernung auf einen Stuhl setzen und Zeitung lesen, während mein Vierbeiner seine Position beibehalten muss. Ich kann das Seilende durch meinen Gürtel ziehen, um beide Hände frei zu haben. So kann ich die Trainingszeit nutzen, um dabei irgendetwas zu arbeiten, meinetwegen den Hof fegen, das Auto waschen oder Holz hacken. Hier sind meiner Phantasie keine Grenzen gesetzt, das Training auszuweiten und zu optimieren, um mein Pferd zu einem sicheren »Parker« zu machen.

Andalusier Michel bekommt seinen Platz angewiesen. Gerade wollte er sich unerlaubt entfernen, gut zu sehen an dem bereits angehobenen linken Vorderbein. Mit erhobenem Zeigefinger und einer etwas bedrohlichen Körperhaltung wird er ermahnt.

Wichtig ist, dass ich sofort eingreife, wenn das Pferd seinen Platz verlässt. Sollte es mal passieren, muss es auf jeden Fall wieder auf seine Ausgangsposition zurückgehen. Wichtig ist auch, dass ich die »Parkzeit« offiziell beende, damit mein Pferd auch hier klare Vorgaben hat. Dazu gehe ich zu ihm hin, lobe und streichele es und bringe es wieder in den Stall oder auf die Weide.

Eine zusätzliche Herausforderung ist dann gegeben, wenn das Pferd auf einer zum Fressen einladenden Wiese »geparkt« werden soll. Hier ist besondere Aufmerksamkeit gefordert, ist doch die Versuchung groß, die Zeit sofort zum Fressen zu nutzen.

Die Vorgehensweise ist dieselbe wie oben beschrieben. Einem Pferd unter diesen erschwerten Bedingungen das Stehen beizubringen, braucht einen noch konsequenteren Einsatz von Seiten des Menschen. Lasse ich zu, dass das Pferd frisst, wird es fressen. Während es frisst, wird es sich nicht mehr auf mich konzentrieren.

Ich bekomme immer das, was ich zulasse.

Artig bleibt Michel nun stehen und harrt der Dinge, die noch kommen werden. Er soll lernen, unangebunden an Ort und Stelle stehen zu bleiben, egal, was der Mensch um ihn herum anstellt. Dazu laufe ich etwas um ihn herum. Das Seil hängt dabei Richtung Boden. Das Seilende halte ich in der Hand, um nötigenfalls schnell korrigierend eingreifen zu können.

Die Distanz zu Michel ist größer geworden. Um auch bei einem größeren Abstand das Pferd noch entsprechend kontrollieren zu können, benutze ich nun ein längeres Seil.

Michel versucht, sich selbstständig zu machen ... Ich ermahne ihn verbal und auch mit Gesten, aber ohne Erfolg.

Jetzt ist eine aktive Korrektur nötig. Ich schüttele mit Nachdruck das lange Arbeitsseil. Es treffen dabei große »Schlangenlinien« auf den Kopf des Pferdes. Mit dieser Form der Einwirkung möchte ich es dazu veranlassen, seine Eigenmächtigkeit wieder einzustellen.

Die Disziplin ist wieder hergestellt. Dauertraining ist nun angesagt. Dazu »parke« ich Michel in einigen Metern Abstand vor einer Bank, auf der ich es mir zum Zeitunglesen gemütlich mache. Das Seilende halte ich dabei auch weiterhin in der Hand, um eine schnelle Korrektur möglich zu machen.

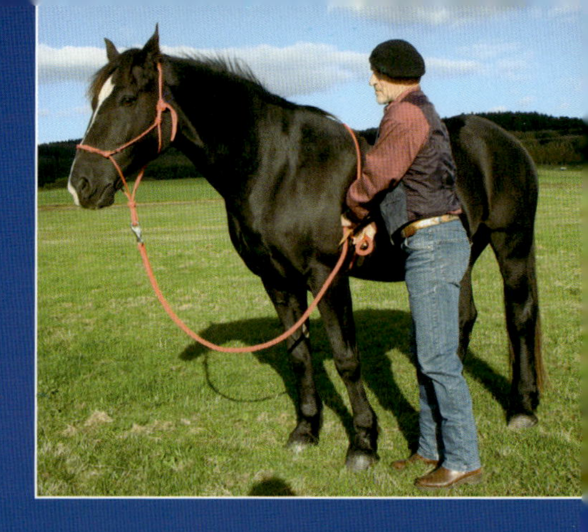

16. Mein Pferd beißt beim Sattelgurtanziehen

Problembeschreibung

Es gibt immer wieder Pferde, die den Sattelgurt nicht mögen. Das kann im schlimmsten Fall bis zum Gurtzwang gehen. Bei einzelnen Pferden kann sich das so extrem darstellen, dass sie sich beim Satteln einfach hinwerfen. Sie leider an einer echten Phobie oder Zwangsneurose. Dieses extreme Verhalten äußerst sich zum Glück selten.

Pferde mit Sattelzwang treten beim Satteln unruhig hin und her, Schlagen unwillig mit dem Schweif, legen die Ohren an, reißen meist dabei die Augen weit auf, so dass man das Weiße darin sehen kann. Hin und wieder kommt zu diesen Anzeichen auch noch ein Blecken der Zähne oder ein Beißen in die Luft. Bei manchen Pferden allerdings bleibt es nicht beim einfachen Drohen: sie schnellen mit dem Kopf zur Seite und versuchen, den Reiter mit den Zähnen zu erwischen. Gelingt es ihnen, wird es schmerzhaft.

Meistens ist das Problem hausgemacht und schon beim Einreiten des Pferdes entstanden. Man hat das junge Pferd unter Umständen ohne entsprechende Vorbereitung gesattelt, den Gurt dabei gleich richtig festgezogen und nicht berücksichtigt, dass sich das Tier erst einmal daran gewöhnen muss. Bei einem jungen Pferd, das mit solch einem Druck gesattelt wurde, darf man sich nicht über Unmutsäußerungen wundern.

Es kann auch sein, dass ein Pferd trotz vorhandenem Satteldruck oder vielleicht auch Gurtdruck gesattelt wurde. Beim Anziehen des Gurtes wurde ihm der Sattel oder der Gurt verstärkt auf die Wunde gedrückt, was natürlich erheblich schmerzt.

Schlechtes Reiten, nicht passender Sattel, schmerzhaftes Einwirken oder rüder Umgang können weitere Gründe sein. Das so behandelte Pferd weiß aus Erfahrung, dass auf das Satteln das Gerittenwerden folgt. In der Erwartung, Schmerzhaftes oder Unangenehmes zu erfahren, beginnt es bereits im Vorfeld, seinen Unmut zu äußern. In diesem Fall ist es ratsam, die Missstände zu beseitigen, die dieses Verhalten auslösen. Dann wird es mit der Zeit auch sein unerfreuliches Verhalten beim Satteln oder Gurtanziehen einstellen.

Lösungsvorschlag

In allen anderen Fällen rate ich folgendermaßen vorzugehen, um den Gurtzwang zu behandeln und dem Pferd das Beißen abzugewöhnen.

Das Pferd trägt die Standardausrüstung für die Bodenarbeit – Knotenhalfter und Arbeitsseil. Ich stehe links neben ihm in Höhe der Sattellage. Das Arbeitsseil halte ich in meiner rechten Hand, etwa 80 Zentimeter bis einen Meter vom hinteren Ende. Mit der linken Hand kontrolliere ich das Pferd in Kopfnähe. Das Seilende lasse ich ihm nun wiederholt über den Rücken fallen, um zu testen, ob es möglicherweise bereits bei dieser sanften Berührung Stress oder Aggression zeigt.

Ist das nicht der Fall, lasse ich das Seil über dem Rücken liegen. Ich schiebe noch mehr Seil nach, so viel, dass das Seil auf der anderen Seite den Boden berührt. Das Seilende hole ich nun unter dem Pferdekörper durch und führe es auf meine Seite. So habe ich es dem Pferd nun einmal um den Brustkorb gelegt, genau dort, wo normalerweise auch der Sattelgurt liegt. Mit meiner linken Hand halte ich den Teil des Seiles, der vom Halfter kommt und über den Rücken geht, mit der rechten das Seilende, welches unter dem Pferdebauch hervor kommt. Diese beiden Seilenden ziehe ich nun zueinander hin. Damit baue ich einen Druck um den gesamten Brustkorb des Pferdes auf. Währenddessen beobachte ich das Pferd genau, um zu sehen, wie groß seine Toleranzschwelle ist.

Beginnt das Pferd zu drohen, sollte ich den Druck auf keinen Fall wegnehmen.

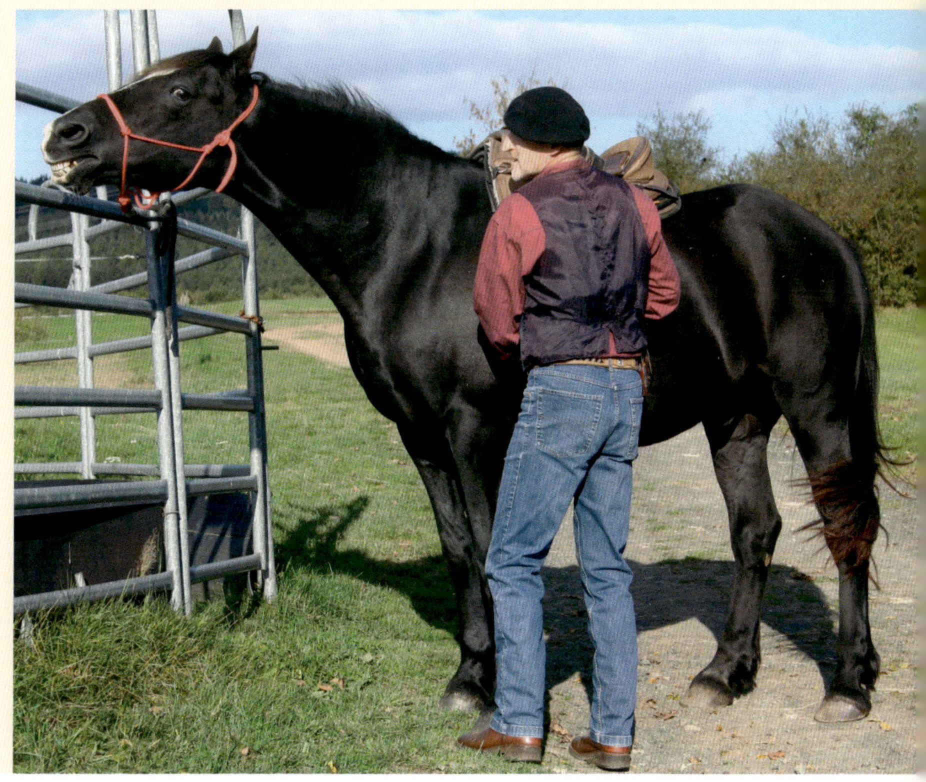

Dieses Pferd mag das Anziehen des Sattelgurtes nicht. Es schiebt die Nase weit nach vorne, bläht die Nüstern, bleckt die Zähne und das Weiße in seinen Augen wird dabei sichtbar

In diesem Moment werde ich es mit Nachdruck verbal ermahnen. Ich sage z.B. »Lass das« oder einfach nur »Hey«. Stellt es daraufhin seine Drohgebärden ein, halte ich den Spannungszustand noch einen kleinen Augenblick aufrecht. Dann nehme ich den Druck weg und lobe das Pferd begeistert, schubbere ihm das Fell und lass es eine kleine Pause machen. Das Pferd ist auf dieses Weise für das Akzeptieren belohnt worden. Diesen Vorgang werde ich in gleicher Weise noch ein- oder zweimal wiederholen, um anschließend den Druck etwas stärker zu gestalten. Immer, wenn das Pferd sich Mühe gibt, wird es begeistert gelobt.

Ich werde den Druck Schritt für Schritt ein wenig erhöhen und gehe dabei mehr und mehr über die Toleranzschwelle des Pferdes hinaus, um so den Rahmen der Akzeptanz zu erweitern.

Bei einem Beißer ist Folgendes zu beachten. Ich positioniere meinen linken Arm so, dass der Unterarm waagerecht steht und mein Ellbogen direkt auf die Backe des Pferdes zeigt. Schnellt dieses nun mit dem Kopf herum, um nach mir zu schnappen, wird es sich heftig an meinem Ellbogen stoßen. Es bestraft sich selbst. Je heftiger seine Attacke war, umso mehr wird es sich selbst wehtun. Diese Möglichkeit der »Selbstbestrafung« ist viel effektiver, als eine Bestrafung durch die Reiterhand und macht das Pferd nicht auch noch zusätzlich kopfscheu.

Mit Hilfe dieser Maßnahmen habe ich eine gute Chance, ein Pferd mit Gurtzwang erfolgreich zu therapieren.

Selbstverständlich sollte ich darauf achten, in Zukunft umsichtiger beim Anziehen des Sattelgurtes zu sein. Am besten ziehe ich diesen zunächst nur leicht an, warte eine Weile oder bewege das Pferd ein wenig. Hat es sich entspannt, werde ich ein wenig fester anziehen, und so weiter. Auf diese Weise gewöhne ich auch ein junges Pferd an das Satteln und das Anziehen des Sattelgurtes.

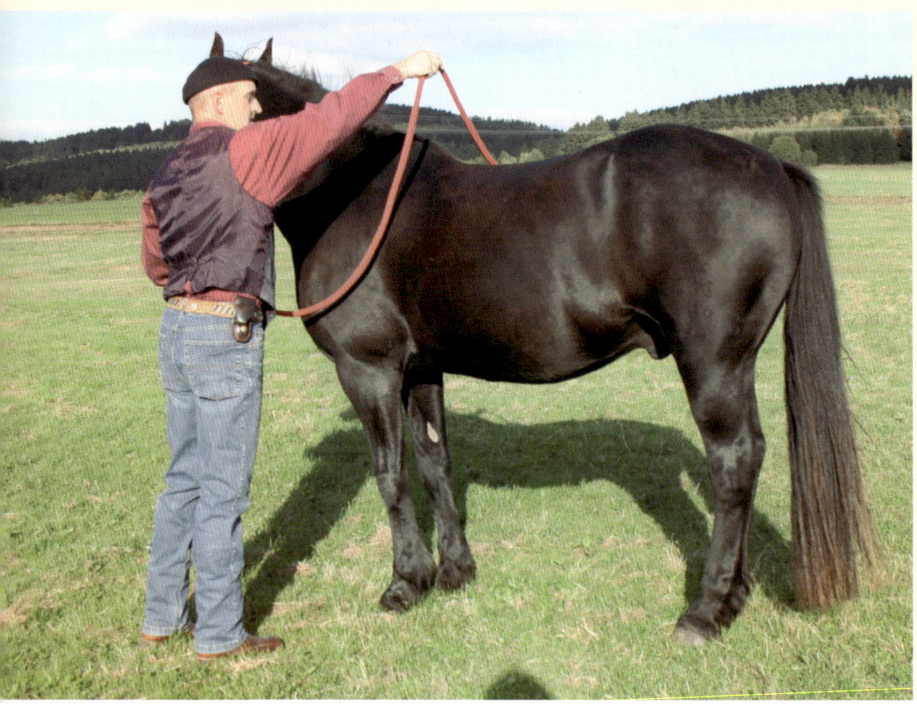

Zur Vorbereitung der Korrekturmaßnahmen lasse ich das Ende des Arbeitsseils immer wieder über den Rücken des Pferdes fallen.

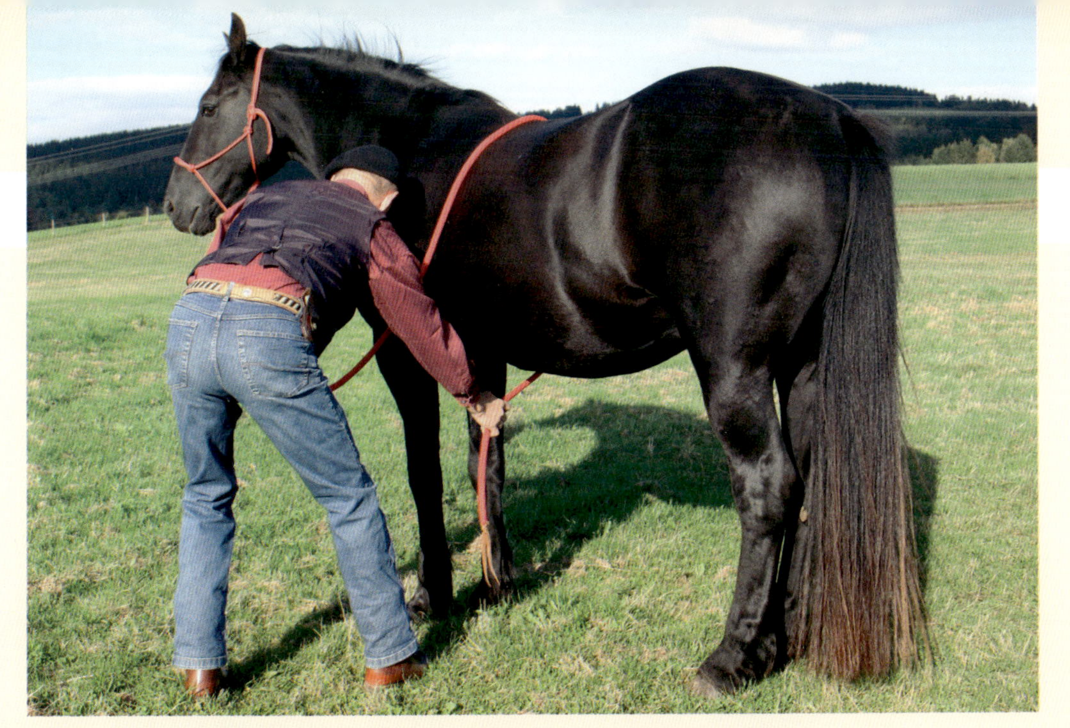

Ich lasse das Ende des Seils auf der rechten Körperseite des Pferdes herunterhängen, so weit, dass es den Boden berührt. Dann hole ich das Seil unter dem Körper zu mir her, um eine Umlage zu erhalten.

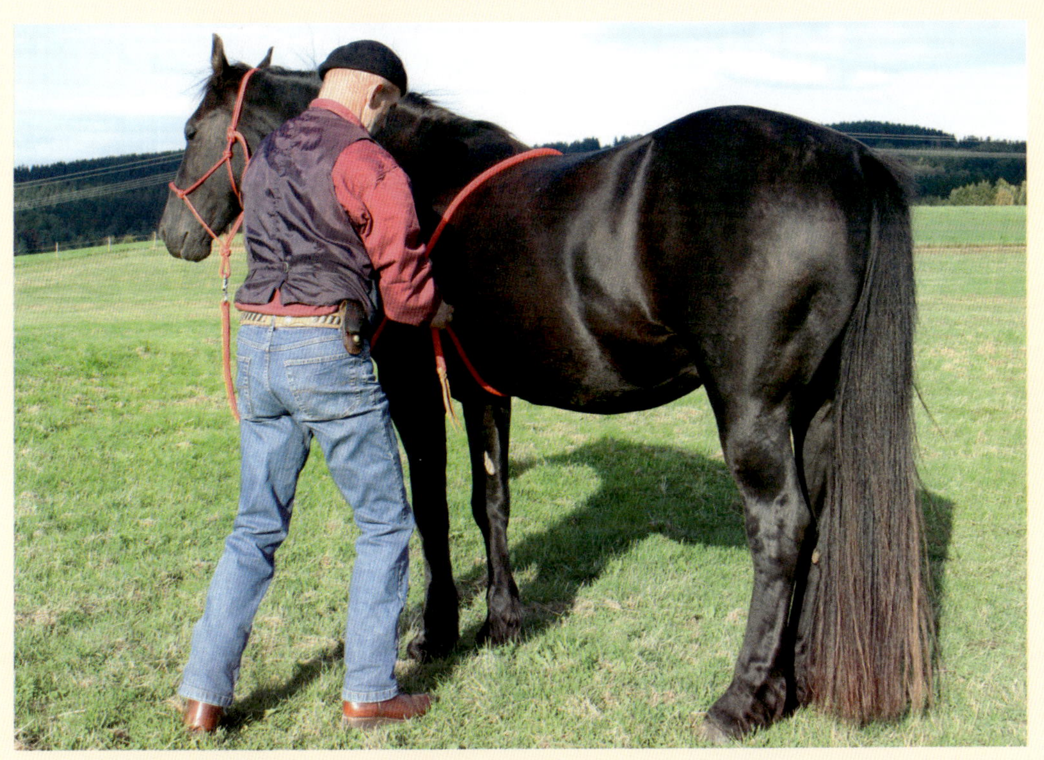

Ich beginne, die beiden Seilenden zueinander hinzuziehen. Damit übe ich auf sanfte Weise das Anspannen des Sattelgurtes.

16. Mein Pferd beißt beim Sattelgurtanziehen

Hier ist deutlich zu sehen, was das Pferd davon hält. Es reißt sein Maul auf und beißt demonstrativ in die Luft. Das ist bei weitem nicht seine Lieblingsübung. Ich gehe nicht darauf ein und lasse den Druck bestehen. So lange, bis das Pferd mit seinem »Gemotze« aufhört. Dann nehme ich den Druck weg und lobe es.

Die gleiche Situation, allerdings zeigt das Pferdemaul ein anderes Verhalten. Wo zuvor noch ein aggressives Maulaufreißen war, sieht man jetzt eine schleckende Zunge. Das ist ein Zeichen für Akzeptanz und Unterordnung. Das Pferd hat seine Lektion verstanden.

17. Tabea verstellt mir den Weg. Möchte ich mit ihr arbeiten, greift sie an.

Problemvorstellung

Vor einiger Zeit erhielt ich folgenden Brief.

Lieber Herr Pfister,
ich habe eine fünfjährige Stute, die ich seit zwei Jahren ausbilde. Trotz liebevoller Konsequenz meinerseits und viel Vertrauen ihrerseits gibt es in bestimmten Punkten Probleme. Vielleicht können Sie mir einen Rat geben, der mir weiterhilft?
Ich schildere kurz das Problem: Meine Stute Tabea kenne ich seit ihrer Geburt, seit drei Jahren ist sie in meinem Besitz. Sie ist ein Berber-Hannoveraner-Mix, sehr intelligent, sie lernt schnell, ist anschmiegsam und vertraut einem schnell. Sie klebt regelrecht an Menschen.
Wenn ich die Weide abmiste, schiebt sie sich zwischen Schubkarre und mich, auf dem Reitplatz weicht sie mir nicht von der Seite ... Sie hat etwas sehr Einnehmendes.
Mein Problem: Sie lässt sich nicht wegschicken.
Wenn ich sie zu longieren versuche, flippt sie total aus. Ich kenne in dem Moment mein Pferd nicht wieder. Sie steigt, buckelt, rennt quer über den Platz und rennt mich um. Wenn ich sie auf dem Platz freilaufen lasse, dann rennt sie auf mich zu, stoppt allerdings haarscharf vor mir. In den letzten Tagen ist es wiederholt vorgekommen, dass sie beim Freilaufen lassen vor mir stehen blieb, sich mit mir drehte, wenn ich sie von hinten antreiben wollte und mich tatsächlich mit angelegten Ohren angegriffen hat. Ich verstehe nicht, warum sie das macht. Ich weiß, dass sie sich nicht unterordnen will, sich jedem Dominanztraining entzieht und sehr eigenwillig ist. Aber trotzdem muss ich sie bewegen, da sie immer dicker wird. Sie hat keinen Respekt vor Stricken oder Gerten. Ich habe mein Pferd noch nie geschlagen und beabsichtige es auch nicht zu tun.
Wenn ich sie ohne Sattel reite, dreht sie sich einfach um und beißt mir in die Beine. Aber nur, wenn sie keine Lust hat, geritten zu werden. Es kann auch sein, dass sie einfach rückwärts läuft. Ich darf bei ihr keinen Druck aufbauen, da flippt sie aus oder entzieht sich. Dabei lernt sie so schnell. Zirkuslektionen hat sie rasch drauf. Die spult sie auch von alleine mal ab, wenn sie ein Leckerli will. Bekommt sie keins, greift sie an. Danach klebt sie wieder an mir.

Tabea lebt auf unserem Hof gemeinsam mit Wallach Julius und wird ganztägig auf der Weide gehalten.

Problemanalyse und Lösungsvorschlag

Liebe Frau Winkel,
so wie Sie Tabea beschreiben, scheint sie eine starke Alphastute zu sein, also ein ranghoch geborenes Pferd. Nach Ihren Schilderungen fordert sie diesen Status auch rücksichtslos ein. Sie beschreiben Ihr Pferd als sehr intelligent, schnell lernend, anschmiegsam und vertrauensvoll. Alles hervorragende Eigenschaften, die man sich bei einem Pferd auch wünscht. Können Sie mit diesen Eigenschaften umgehen und lernt das Pferd, sie für den Menschen einzusetzen, können Pferd und Mensch sehr viel miteinander erreichen. Können Sie allerdings nicht damit umgehen, habe Sie ein echtes Problem. Tabea setzt ihre Begabungen gnadenlos gegen Sie ein und hat damit scheinbar großen Erfolg. Stoppen Sie diesen Erfolgskurs nicht genauso gnadenlos, wird das Ganze in einem Desaster enden.
Wie Sie selbst bereits treffend festgestellt haben, haben Sie und Ihr Pferd ein großes Dominanzproblem. Tabea denkt überhaupt nicht daran, sich Ihnen unterzuordnen. Dazu kommt sicherlich auch noch ihr Alter. Sie ist fünf, da provozieren Pferde gerne mal, weil sie ihre Grenzen austesten wollen. Jede einzelne von Ihnen beschriebene Situation lässt deutlich erkennen, wie Tabea Sie dominiert. Sollten Sie allerdings meinen, mit einem kleinen Tipp wäre Ihre Situation zu ändern, muss ich Sie enttäuschen. Lernen Sie nicht rigoros und absolut konsequent Ihr Verhalten umzustellen, werden Sie keine gemeinsame Zukunft miteinander haben. Es tut mir Leid, Ihnen das so hart sagen zu müssen.

Pferde sind Herdentiere und leben in einer hierarchischen Struktur. Jedes Pferd hat seine Position innerhalb der Rangordnung. Gleichberechtigte Partnerschaft hat die Natur nicht vorgesehen. Es geht entweder darum zu leiten oder geleitet zu werden. Wenn Sie mit Ihrem Pferd eine zufrieden stellende Partnerschaft aufbauen wollen, müssen Sie lernen zu leiten, anderenfalls leitet Ihr Pferd Sie.
Da ein Pferd aber andere Vorstellungen vom Leben hat als der Mensch, werden Sie nicht weit miteinander kommen. Wenn Ihr Pferd das »Sagen« hat, es also bestimmt, was sie miteinander tun oder vielleicht besser nicht miteinander tun, wird Sie das sehr in Ihren gemeinsamen Möglichkeiten einschränken. Das sind Naturgesetze, ob uns das gefällt oder nicht. Akzeptieren wir sie nicht, hat das Folgen. Pferde leben diese Naturgesetze ganz konsequent, da gibt es strikte Regeln, nach denen sich alle zu richten haben. Schauen wir uns Tabeas Verhalten an, erkennen wir das.

17. Tabea verstellt mir den Weg. Möchte ich mit ihr arbeiten, greift sie an.

Das Pferd wird weggeschickt. Es hat sich nicht das Futter einzufordern, ob es nun um den Hafereimer geht oder um das Leckerli, das zum Beispiel beim Erarbeiten einer Zirkuslektion verabreicht wird.

Manche Pferde sind sehr penetrant und fordernd. Da braucht es schon eine ordentliche Portion Nachdruck, damit sie akzeptieren, dass ich es ernst meine.

Wenn Tabea Ihnen beim Misten oder auf dem Reitplatz den Weg verstellt, Ihnen nicht von der Seite weicht, hat das, wie sie bereits richtig bemerkten, etwas Einnehmendes. Sie nimmt Ihren Raum ein. Das ist nicht Ausdruck von Sympathie, sondern von Distanzlosigkeit. Wer distanzlos ist, praktiziert damit eine Art von Vertraulichkeit, in der er den Anderen nicht achtet. Er verhält sich respektlos. In einer Herde hat jedes Tier seinen Individualbereich oder seine Persönlichkeitszone. Das ist ein gewisser räumlicher Radius, in den kein rangniedrigeres Pferd ungefragt eindringen darf. Tut es das dennoch, wird es sanktioniert und mit Nachdruck weggetrieben.

In Ihrem Fall ist das noch gravierender. Tabea ist nicht nur distanzlos, sie beansprucht sogar Ihren Platz. Das zeigt sie sehr deutlich. In der Herde gilt klar: Der beste Platz gehört dem Chef.

Wenn Sie die Möglichkeit haben, das Leben von Pferden in einer Herde zu beobachten, werden Sie deutliche Gesetzmäßigkeiten erkennen. Steht ein rangniedriges Pferd auf einem exponierten Platz, meinetwegen einem Hügel, einem sonnigen oder schattigen Platz oder in einer lauschigen Stallecke, muss es diesen sofort räumen, wenn ein ranghöheres Pferd ihn beansprucht. Liegt ein Pferd genüsslich auf der Wiese und döst kann es vorkommen, dass ein anderes ankommt, es rüde aufjagt, um sich selbst dort hinzulegen. Oft habe ich beobachtet, dass ein sich wohlig wälzendes rangniedriges Pferd von einem ranghöheren vertrieben wurde. Demonstrativ nahm dieses dann den Wälzplatz für sich in Anspruch. Solche Verhaltensweisen sind reine Machtdemonstrationen.

Diese ganze Einstellung wird noch einmal dadurch unterstrichen, dass sich Tabea nicht wegschicken lässt. Sei es von ihrem beanspruchten Platz, beim Longieren oder bei der Freiarbeiten.
Ein Naturgesetz lautet: Der, der den Anderen bewegt, ist der »Chef«. Wer weicht, der ordnet sich unter. Das ist

eine klare Absage an Ihren Leitungsanspruch. Tabea lässt sich nicht bewegen, sie lässt sich nicht treiben und ordnet sich somit nicht unter. Im Gegenteil: Sie versucht, Sie durch aggressive Attacken zu vertreiben. Das tut sie, ohne irgendwelche Rücksicht auf Sie zu nehmen.

In einem Satz schreiben Sie, dass Ihr Pferd keinen Respekt vor Stricken oder Gerten hat. Im nächsten, dass Sie Ihr Pferd noch nie geschlagen haben und auch nicht beabsichtigen, es jemals zu tun. Woher wissen Sie, dass Ihr Pferd keinen Respekt vor diesen Dingen hat, wenn Sie sie noch nie eingesetzt haben?

Fordern Sie keinen Respekt, erhalten Sie auch keinen. Und dazu gehört manchmal eine gehörige Portion »Nachdruck«, möglicherweise auch mit Hilfe von Stricken oder Gerten.

Freundlichkeit ist eine gute und wichtige Sache. Allerdings gibt es Pferde, die damit nicht umgehen können. Sie legen einem Freundlichkeit als Schwäche aus. In Ihrem Fall können Sie sich Freundlichkeit nicht leisten. Verstehen Sie mich bitte nicht falsch. Hier geht es nicht darum, Härte oder gar Aggression zu propagieren. Es geht darum, Ihrem Pferd konsequent seine Grenzen aufzuzeigen. Glauben Sie mir: Konsequenz zu leben, kann eine harte Sache sein. Sie ist oft für den härter, der sie anwenden muss, als für den, bei dem sie angewendet wird.

Ein Pferd darf Angst haben, auch mal weglaufen wollen, das steht ihm als Fluchtier zu. Was es auf keinen Fall darf, ist respektlos sein, den Menschen angreifen, niederrennen oder ihn wegdrängen wollen. Greifen Sie hier nicht ein, wird Reiten oder wie in Ihrem Fall die Bodenarbeit, ja sogar schon der bloße Umgang mit dem Pferd zum Himmelfahrtskommando.

Weiter berichten Sie, dass Tabea Sie in die Beine beißt, wenn Sie ohne Sattel reiten. Ihr passt das nicht. Sie will Sie loswerden, also beißt sie nach Ihnen. Sitzen Sie auf Ihr, kann sie nur Ihre Beine erreichen. Hätte sie die Möglichkeit, Sie an einer anderen Stelle zu erwischen, dann würde sie das auch tun. Eine andere Entzugsmaßnahme ist das unkontrollierte Rückwärts laufen. Immer, wenn Sie etwas energischer dagegenhalten, flippt die Dame aus.

Wieder ein anderes Beispiel ist ihr Verhalten bei den Zirkuslektionen. Sie haben ihr diese über Futter beigebracht. Dabei haben Sie sich mit ihr arrangiert. Vielleicht haben Sie die Idee, mit Tabea eine schöne Vorführung machen zu können. In Wirklichkeit führt Tabea Sie vor. Sie bietet Ihnen ungefragt diese Lektionen an, um Ihnen Futter abzunötigen, gehen Sie nicht darauf ein, wird sie aggressiv und greift an. In der Natur gehört das Futter zunächst einmal grundsätzlich dem Leittier. Dieses hat das Vorrecht darauf und es liegt in dessen Entscheidung, ob die anderen davon etwas abbekommen. Auch hier ist es wieder so: Ist ein rangniedriges Tier irgendwie an Futter gekommen, wird das Ranghöhere seinen Anspruch darauf geltend machen und versuchen, es ihm abzujagen. Tabea praktiziert in aggressiver Weise dieses Leittierverhalten.

Pferde sind zu stark, zu schnell, zu reaktionsstark, als dass man es sich leisten könnte, mit ihnen in ungeklärten Verhältnissen zu leben.

Ihre Problematik unterstreicht das ganz deutlich. Sicher handelt es sich hier um einen Extremfall, aber grundsätzlich gilt das für alle Pferde.

In Ihrem Fall ist es nun ganz besonders wichtig, dass Sie Ihr Pferd auf Distanz halten. Lassen Sie von nun an nicht zu, dass Tabea unaufgefordert näher als zwei Meter an Sie herantritt. Je größer die Distanz, umso höher ist der Respekt. Wenn Sie was von ihr wollen, gehen Sie zu ihr hin oder fordern Sie sie auf, zu Ihnen zu kommen. Lassen Sie nichts anderes zu. Respektiert sie das nicht, ist jedes Mittel recht, ihr ihren Platz zuzuweisen. Scheuen Sie sich nicht, eine lange Peitsche oder Ähnliches einzusetzen. Ihr Pferd scheut sich auch nicht, Ihnen gegenüber alle Mittel, die ihm zur Verfügung stehen einzusetzen. Tabea muss auf alle Fälle weichen und die Distanz akzeptieren. Distanz schafft Respekt. Lässt sie sich auf Distanz halten, sich also wegtreiben, ist die Wahrscheinlichkeit groß, dass sie sich beim Longieren auch antreiben lässt. Gehen Sie auf nichts ein, was Tabea Ihnen anbietet oder von Ihnen fordert. Lassen Sie im Moment alle Zirkuslektionen sein und durchbrechen Sie alte Gewohnheiten und Privilegien, die sich Ihr Pferd im Laufe von Jahren erworben hat.

Die von mir aufgezeigten Verhaltensweisen sind nur ein kleiner Teil von Möglichkeiten. Aus meinem Buch »Ranch-Reiten, eine alte Reitweise neu entdeckt« können Sie noch sehr viel mehr Lektionen entnehmen, die alle dazu beitragen, Ihre Position Tabea gegenüber zu festigen und Ihre Führungsrolle zu stärken.

Wenn Sie nicht lernen zu leiten, werden sie weiterhin leiden.

Herzlichst

Peter Pfister

Greift mich ein Pferd an, sind alle Mittel recht, diesen Attacken einen Riegel vorzuschieben. Das ist ein Akt größter Respektlosigkeit, den ich auf keinen Fall dulden sollte.

18. Immer Stress mit dem Verladen

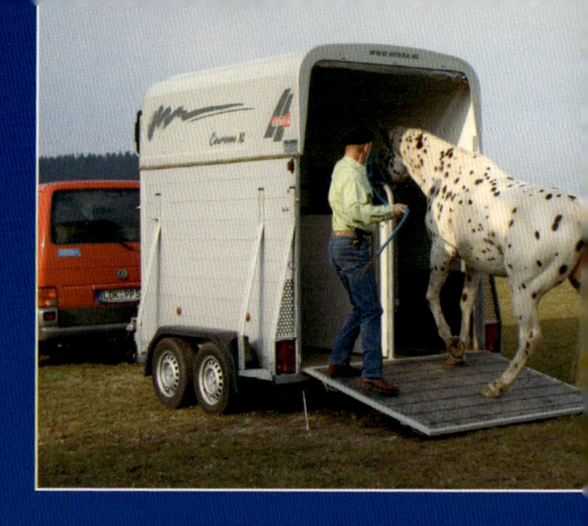

Problemvorstellung

Meiner Einschätzung nach zeigen achtzig Prozent aller Pferde Probleme beim Verladen werden. Verladetraining ist deswegen auch immer wieder ein Thema bei meinen Kursen. Denken wir mal wirklich darüber nach, was wir da von unseren Pferden verlangen, ist das schon eine starke Herausforderung. Das Steppentier Pferd soll sich in eine enge, manchmal dunkle und wackelige »Höhle« stellen. Beim Betreten klingt es vom Boden aus dumpf und bedrohlich hohl. Wird dann der »Höhlenausgang« auch noch von hinten geschlossen, ist es eng. Eine Fluchtmöglichkeit gibt es nicht. Dann setzt sich diese »Höhle« in Bewegung, dabei wackelt sie ganz schön hin und her. Bedrohliche Monster mit riesig großen, grellen »Augen« nähern sich von hinten. Je näher sie kommen, umso deutlicher kann man ihr beängstigendes Dröhnen vernehmen. Manchmal stoßen sie dabei angstmachende Laute aus. Dann ziehen sie seitlich vorbei und schon ist das nächste Monster da. Manchmal kommt es vor, dass diese »Höhle« mit einem kräftigen Ruck plötzlich anhält. Der »Insasse« wird heftig nach vorne gegen die »Höhlenwand« geschleudert oder gegen die eiserne Stange, die dort befestigt ist. Genauso plötzlich setzt sie sich wieder in Bewegung und der verblüffte »Insasse« wird nun nach hinten gegen eine andere Stange gestoßen. Dann gibt es da die Zweibeiner, so genannte Menschen. Diese werden zuweilen ganz schön fies, wenn das Steppentier nicht in die »Höhle« will, weil es sich davor fürchtet. Diese Menschen benutzen dann mitunter wirklich hässliche Tricks. Lange Seile werden kreuz und quer gespannt. Vorne wird gezerrt und gezogen, hinten geschoben. Dazu kommt häufig noch lautes Geschrei.

In einem Hänger zu stehen und von A nach B gefahren zu werden, ist für ein Pferd zu Beginn nicht normal. Seine Angst ist nachvollziehbar. Macht der Mensch zusätzlich Stress, weil er nicht wirklich weiß, wie er seinem Pferd das Einsteigen erklären soll, gewinnt der Hänger noch mehr an Schrecken.

Stellen Sie sich einmal nach einem Turnier oder einem großen Pferde-Event auf den Hängerparkplatz, da können Sie häufig sehen, wie man Pferde nicht verladen sollte.

Das Verladen eines Pferdes sollte genauso trainiert werden, wie eine Dressurlektion oder das Springen über Hindernisse. Dazu gehören ein Plan und eine klare Idee für den Trainingsaufbau. Alles Üben nützt nichts, wenn die Logik dahinter nicht stimmt. Oft passiert nämlich Folgendes: Das

Pferd lässt sich nicht verladen, es verweigert sich. Der Mensch beginnt nun in unterschiedlicher Weise und mit unterschiedlichen Mitteln auf es einzuwirken. So genötigt, macht das Pferd endlich einen Schritt in die ersehnte Richtung. Anstatt nun inne zu halten, es zu loben und eine Pause machen zu lassen – eine wichtige Bestätigung für den richtigen Schritt – wird das Pferd weiter bedrängt. Man hat bei diesem Vorgehen versäumt, im entscheidenden Augenblick nachzugeben und eine angenehme Atmosphäre zu schaffen. So ist kein Lernen möglich. Stattdessen wird ungemindert Druck auf das Pferd ausgeübt. Das so verängstigte Pferd sieht nur noch sein Heil in der Flucht. Da es nicht nach vorne flüchten kann, flüchtet es nach hinten, indem es rückwärts vom Hänger »rennt«. Der inzwischen auch heftigst gestresste Mensch steht nun resigniert mit seinem Pferd zehn Meter hinter dem Hänger und weiß nicht weiter. Währenddessen erhält das Pferd seine längst fällige Pause. Das Dilemma an der ganzen Sache ist nur: Die Pause kommt an der falschen Stelle und zum falschen Zeitpunkt.

Der Appaloosa Luc hat ein echtes Verladeproblem. Unter keinen Umständen möchte er in diese schaukelnde Kiste einsteigen. Dabei zieht er alle Register.

Dem Pferd hat man **dort** »Stress gemacht«, wo es hingehen sollte.

Unter Stress kann man niemandem etwas beibringen oder angenehm machen, einem Pferd schon gar nicht.

Stress ist ein gutes Mittel, um jemandem etwas abzugewöhnen. Das Pferd durfte in diesem Fall dort eine Pause machen, wo es »hingeflohen« ist. Was lernt das Pferd? Ruhe und Komfort habe ich dann, wenn ich vom Hänger flüchte. Da Pferde immer das lernen, womit sie Erfolg haben, war diese Flucht weg vom Hänger, eine durchaus erfolgreicher Erfahrung. Auch in Zukunft wird dieses Pferd vor dem Hänger flüchten wollen, weil es die Erfahrung gemacht hat: Ruhe habe ich immer dann, wenn ich weglaufe.

Lösungsvorschlag

Bei meinem Verladetraining soll das Pferd lernen, sich in den Hänger schicken zu lassen. Es soll lernen, auf Anweisung selbstständig einzusteigen. Das ist sehr praktisch, denn so kann ich das Pferd auch alleine verladen.
Es kann immer mal sein, dass ich mein Pferd verladen muss, weil es dringend in die Klinik gehört. Keiner ist da, der mir helfen kann. Selbst wenn mein Pferd mir willig in den Hänger folgt, ist es gefährlich, es erst vorne anzubinden und dann die hintere Querstange einzuhängen.
Oft genug kommt es dabei vor, dass ein Pferd in diesem Moment versucht, gleich wieder nach hinten wegzustürmen. Passiert das, noch bevor ich die hintere Stange eingehängt habe, gibt es meist »zerrissene Hosen«. Das Pferd schießt nach hinten, hängt dabei aber vorne im Strick.
Nicht selten geschieht es, dass ein Pferd dabei mit einem Hinterbein seitlich von der Verladerampe abrutscht und sich verletzt. Es ist schon vorgekommen, dass dabei ganze Hängereinrichtungen auseinander gerissen wurden. Oder die Anbindung reißt mit einem Ruck, das Pferd stürzt rückwärts aus dem Anhänger und überschlägt sich.

Also bitte nie ein Pferd im Hänger anbinden, bevor die hintere Querstange eingehängt wurde.

Hat mein Pferd gelernt, sich von hinten in den Hänger schicken zu lassen, kann ich souverän zuerst die hintere Stange einhängen und es dann vorne anbinden.

Zum Training

Das Pferd ist mit Knotenhalfter und einem Arbeitsseil ausgerüstet. Als weiteres Hilfsmittel benutze ich eine etwa 130 cm lange Dressurgerte. Der Hänger ist zur Sicherheit an ein Zugfahrzeug angehängt. Steht kein Zugfahrzeug zur Verfügung, muss er gut gesichert und hinten abgestützt sein, damit er beim Training nicht kippt oder gar davonrollt. Die Klappe ist heruntergelassen, beide hinteren Querstangen sind ausgehängt. Eine hilfreiche Unterstützung ist ein gut gefülltes Heunetz oder eine gefüllte Futterraufe vorne im Hänger.
Ich stehe links neben dem Pferd, seitlich in Höhe des Pferdehalses. Das Arbeitsseil halte ich in großen Schlaufen geordnet in meiner linken Hand. Gleichzeitig fasse ich mit dieser das Pferd ganz kurz unterhalb des Kinns am Halfter. Die lange Gerte halte ich rechts.
Zunächst stimme ich das Pferd auf meine Gerte ein. Das erfolgt völlig losgelöst vom Hänger. Es soll lernen, vorwärts zu gehen, sobald es am Schweifansatz touchiert wird.
Mit Hilfe dieses Reizes soll es später auch veranlasst werden, in den Hänger einzusteigen.

Bevor ich mit dem Verladetraining beginne, sollte ich sicherstellen, dass der Hänger auch stabil steht. Ist kein Zugfahrzeug vorhanden, muss ich hinten einen Unterbau anbringen, damit der Hänger bei Belastung nicht kippen kann. Hier benutze ich einen alten Wagenheber.

Wichtig ist, dass mein »Touchier-Reiz« auch wirklich auf der Kruppe und am Schweifansatz erfolgt. Ein seitliches An-der-Kruppe-Touchieren, würde das Pferd veranlassen, mit der Hinterhand zur Seite auszuweichen. Das wäre wenig hilfreich und würde meiner Verladeaktion sehr im Wege stehen.

Ich halte das Pferd, wie zuvor beschrieben, unten am Halfter. Dadurch kann ich seinen Kopf gut kontrollieren und ihn dahin ausrichten, wohin das Pferd sich bewegen soll. Mit der Gerte beginne ich ganz leicht, am Schweifansatz zu touchieren. Reagiert das Pferd nicht, verstärke ich die Einwirkung immer mehr, bis es beginnt, sich nach vorne in Bewegung zu setzen. Augenblicklich nehme ich den Reiz weg, das Pferd erhält eine Pause. Dabei streichele ich es ein

Neben dem Anziehen der Handbremse ist es weiter ratsam, noch zusätzlich Bremsklötze unterzulegen. Dadurch soll ein unkontrolliertes Wegrollen des Pferdetransporters verhindert werden.

wenig mit der Gerte und senke diese dann ab. Dann beginne ich wieder von vorne. Ich hebe die Gerte und beginne zu touchieren. Immer, wenn das Pferd antritt, höre ich sofort mit meiner Einwirkung auf. Über dieses Reiz-Reaktions-Prinzip baue ich bei meinem Pferd ein »Vorwärtsknöpfchen« ein.

Auch hier gilt: So wenig Einwirkung wie möglich, aber so viel wie nötig.

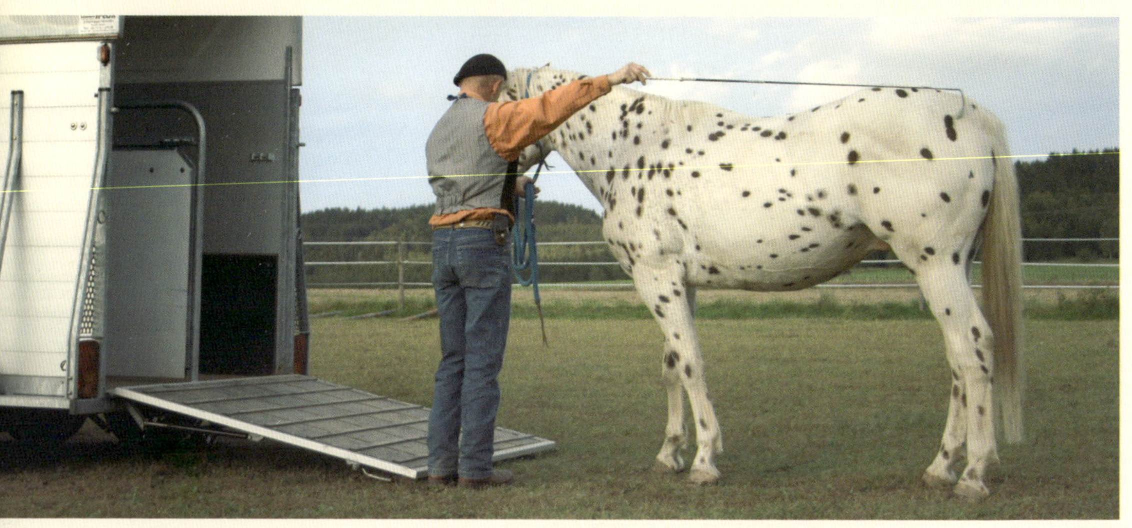

Ich beginne mit dem Training. Ich fange damit an, Luc am Schweifansatz zu touchieren. Zunächst ganz vorsichtig, dann aber mit zunehmender Intensität.

Luc setzt sich in Bewegung, er hat auf meinen Reiz reagiert. Augenblicklich stelle ich das Touchieren ein.

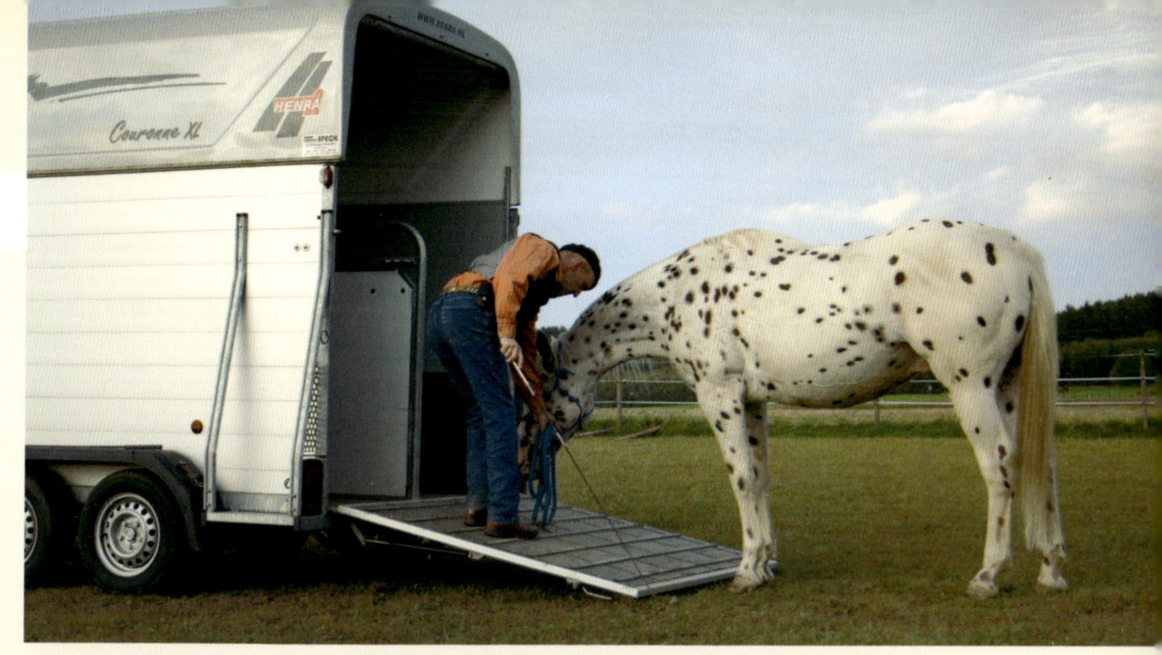

Luc darf zur Belohnung eine Pause machen und sich dabei alles ganz genau ansehen. So hat er die Möglichkeit, selbst festzustellen, dass der Hänger vielleicht gar nicht so schrecklich ist, wie er glaubt.

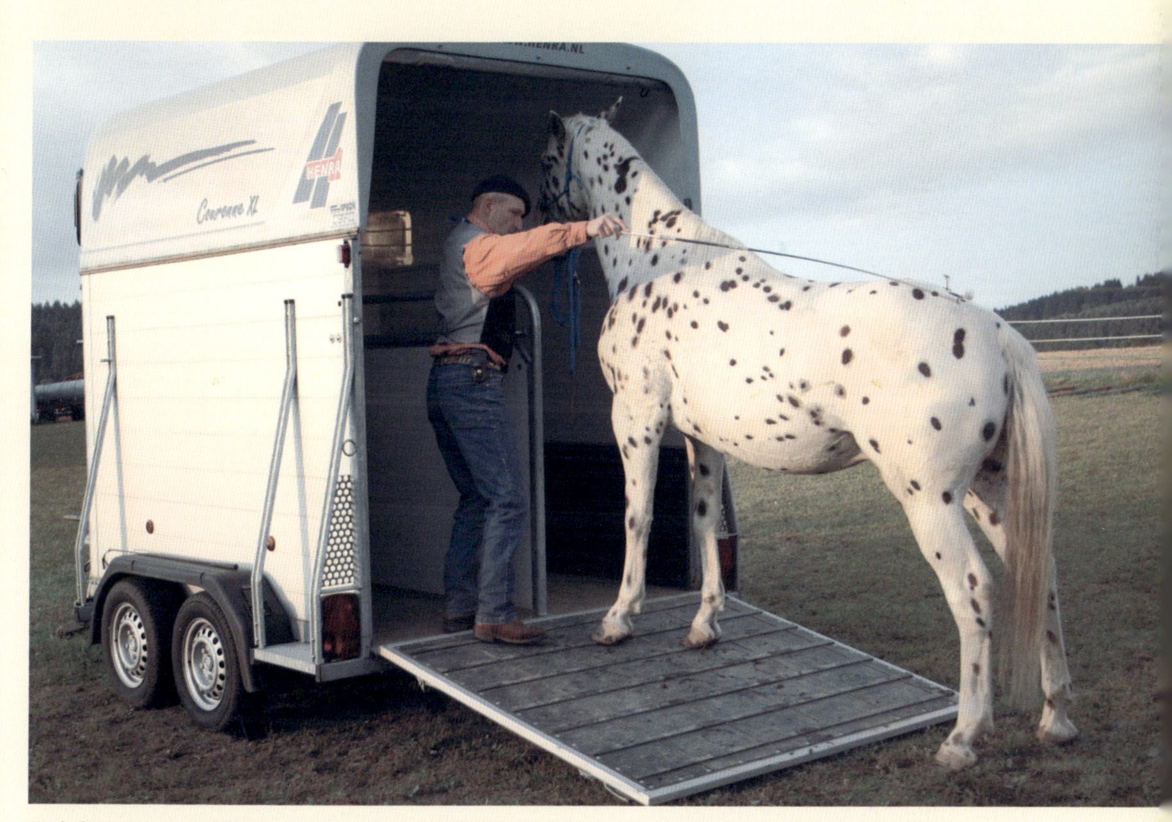

Nach dem nächsten Arbeitsgang steht er bereits mit beiden Vorderbeinen auf der Verladerampe. Hier bin ich gerade dabei, ihn dazu aufzufordern, auch noch die beiden Hinterbeine nachzuholen.

18. Immer Stress mit dem Verladen

Und er geht. Wieder ist ein Stück geschafft. Luc ist im Begriff, mit den Hinterbeinen auf die Verladerampe zu treten, und gleichzeitig mit den Vorderbeinen einen Schritt in den Hänger zu wagen.

Hat das Pferd verstanden, um was es geht, setze ich das Training direkt am Hänger fort. Dabei schaue ich, wie weit das Pferd freiwillig mit zum Hänger kommt. Bleibt es stehen, lasse ich es sich zunächst etwas umsehen, damit es sich mit der Situation vertraut machen kann. Dann beginne ich mit dem Touchieren. Der Kopf des Pferdes ist dabei in Richtung Hängereingang positioniert. Mein Ziel ist es, das Pferd in die rechte Abteilung des Hängers zu schicken. Setzt es sich in Bewegung, und wenn es nur einen halben Schritt weit ist, höre ich unverzüglich mit dem Touchieren auf. Die Logik dieser Trainingsmethode basiert darauf, dem Pferd sofort Angenehmes anzubieten, wenn es sich in Richtung Hängereingang bewegt. Weigert es sich allerdings, oder versucht es, sich rückwärts zu entziehen, muss ich die Einwirkung so lange verstärken, bis es die erwünschte Vorwärtstendenz zeigt.

So lernt das Pferd, dass zum Hänger hin Komfort bedeutet und weg von diesem Diskomfort.

Nicht selten kommt es vor, dass sich ein Pferd beim Verladen zu entziehen versucht, indem es sich auf der Hängerrampe oder dahinter quer stellt. Dann ist es notwendig, dieses unverzüglich durch Touchieren im Flankenbereich wieder gerade auszurichten. Hat es sich korrigieren lassen, erhält es auch hier eine Pause.
Entzieht sich das Pferd, muss es sofort korrigiert werden. Je schneller die Korrektur erfolgt, umso eindrücklicher wird sie ihm im Gedächtnis bleiben.

Wichtig ist es, das Pferd nach jedem guten Ergebnis auch tatsächlich eine Pause machen zu lassen. Dadurch lernt es.

So werde ich das Pferd Schritt für Schritt auf die Rampe und schließlich in den Anhänger hineinschicken. Zu Beginn des Trainings begleite ich es in ihn hinein, indem ich parallel zu ihm gehe. Wichtig ist, das Pferd wirklich gut am Kopf zu kontrollieren, damit es sich nicht durch Wegnehmen des Kopfes oder sogar Losreißen seitlich entziehen kann. Hilfreich ist es, wenn das Pferd, nachdem es eingestiegen ist, vorne im Anhänger Futter vorfindet. Das gibt ihm eine zusätzliche Bestätigung. Über das Kauen des Futters empfindet es Wohlbehagen, gleichzeitig entspannt es sich dabei aber auch.

Verstehen Sie mich hier bitte nicht falsch, das Pferd soll auf keinen Fall mit Futter in den Hänger gelockt werden. Das Futter dient als positiver Lernverstärker – also als Belohnung. Das Pferd soll dazu motiviert werden, gerne in den Hänger zu steigen, weil es dort angenehm ist. Verladetraining mit Hilfe von Futter als Lockmittel, ist meist eine Einbahnstraße. Das funktioniert in der Regel nur so lange, wie Sie mit Ihrem Pferd nicht irgendwohin müssen. Garantiert hat Ihr Pferd im Ernstfall keinen Appetit und Sie kein Argument, um es dennoch zum Einsteigen zu bewegen. Solche Trainingsmethoden beruhen auf Arrangements, die im entscheidenden Fall meist nicht durchtragen.

Hat das Pferd grundsätzlich den Prozess des Einsteigens über das Geschicktwerden verstanden, gilt mein nächstes Bestreben der Automatisierung dieses Vorgangs. Bis jetzt habe ich das Pferd immer noch in den Hänger begleitet, nun werde ich damit beginnen, immer weniger weit mitzugehen. Das Pferd soll lernen auf Anweisung von mir, alleine in den Hänger einzusteigen.

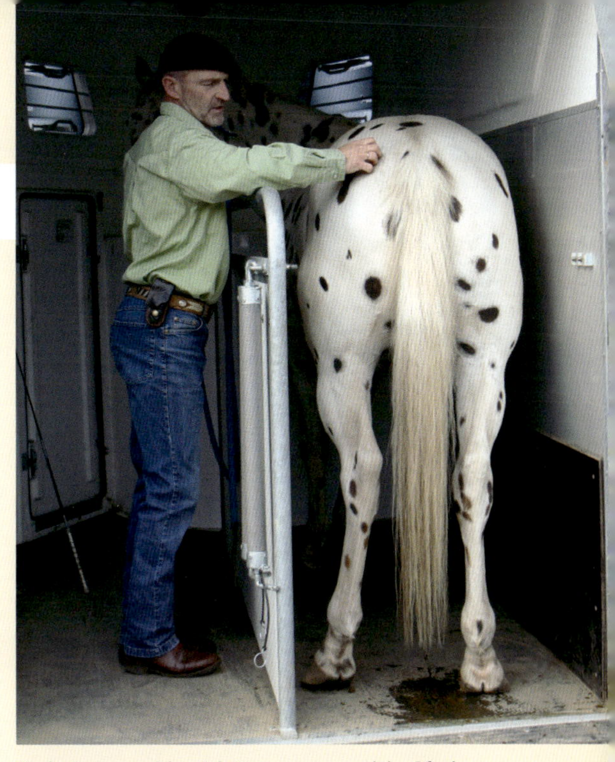

Noch ein paar solcher Arbeitssequenzen und das Pferd wird ohne Probleme in den Hänger gehe. Es ist geschafft, Luc steht komplett im Anhänger. Dafür wird er von mir ausgiebig gelobt und gestreichelt. Er scheint, mit seiner Situation nicht unzufrieden zu sein, denn er macht einen recht gelösten Eindruck.

Dazu stelle ich den Kopf des Pferdes mit meiner linken Hand in Richtung Hängerinnenraum ein. Ich zeige ihm den Weg. Mit der Gerte deute ich auf die Kruppe, vielleicht muss ich sie auch noch etwas touchieren. Eigentlich sollte mein Pferd meine Körperbewegung nun deuten können und sich in den Hänger bewegen. Setzt es sich in Bewegung, gehe ich noch ein kleines Stück mit und lasse es den Rest der Strecke alleine gehen. Damit ich es dabei aber nicht unbeabsichtigt bremse, muss ich jetzt das zuvor säuberlich geordnete Arbeitsseil Schlinge um Schlinge aus meiner linken Hand laufen lassen.

Wenn man das Training richtig gestaltet, d.h. für das Pferd verständlich, geht es meist recht schnell, bis sich das Pferd in den Hänger schicken lässt. Während es einsteigt, bleibe ich hinten auf der Rampe stehen, hänge die hintere Begrenzungsstange ein, gehe dann nach vorne und binde es an.

19. Mein Pferd geht in den Hänger, bleibt aber nicht darin stehen

Problemvorstellung

Es gibt immer wieder Pferde, die kein Problem damit haben, in den Hänger zu gehen, aber große, darin stehen zu bleiben. Noch bevor der Besitzer dazu kommt, die hintere Querstange einzuhängen, schießt ihr Vierbeiner mit Wucht wieder nach hinten heraus. Manche Pferde sind ganz schnell, sie lassen sich in Windeseile in den Hänger schicken, schnappen sich schnell ein Maul Futter und sind genauso schnell wieder ausgestiegen. Oder sie bleiben stehen, aber sobald sich jemand hinter ihnen zu schaffen macht, sind sie wieder draußen. Sie heben Angst, eingesperrt zu werden. Auch diese Pferde sind nicht zu transportieren, weil der Mensch keine Chance hat, den Hänger zu schließen.

Lösungsvorschlag

Wenn wir dieses Problem angehen möchten, müssen wir uns zunächst darauf besinnen, was ein Pferd lernt. Ich habe dieses Thema bereits einige Male in diesem Buch angesprochen. Zur Erinnerung: Ein Pferd lernt das, womit es Erfolg hat. Wer vermittelt ihm in diesem Fall seinen Erfolg? Wir. Hat es Erfolg mit der Flucht aus dem Hänger, lernt es zu flüchten. Darf es daraufhin möglicherweise noch eine Pause machen, weil der Mensch ratlos ist und darüber nachdenken muss, was er tun kann, hat es ein zusätzliches Erfolgserlebnis. Es wird zusätzlich in seinem Verhalten bestärkt. Also müssen wir den Spieß umdrehen.

Wenn ich solch einen »Hängerflüchter« korrigieren muss, lasse ich nicht zu, dass er mit seinem Verhalten Erfolg hat.

In den seltensten Fällen kann ich ein Pferd festhalten, das mit Macht nach hinten strebt. Aber ich kann es sofort wieder hineinschicken. Das ist der »Therapieweg«.

Sooft das Pferd unaufgefordert rausstürmt, muss es sofort wieder hinein.

Bin ich hier konsequent, lernt ein Pferd ganz schnell, dieses Verhalten einzustellen. Nur im Hänger darf es eine Pause machen, hier darf es stehen und bekommt auch noch etwas zum Futtern. Meist entstehen diese Probleme, weil

der Mensch es zugelassen hat, dass das Pferd ohne Aufforderung ausgestiegen ist.
Sobald das Pferd im Anhänger steht und etwas zur Ruhe gekommen ist, beginne ich damit, ihm das Fell zu schubbern. Das kann ich im Hänger gut von der linken Seite aus machen. Es ist zum einen eine zusätzliche Belohnung, dem Pferd Erfolg und Lob durch körperliche Zuwendung zu vermitteln. Zum anderen möchte ich es langsam auf das Schließen der hinteren Begrenzungsstange vorbereiten. Ich beginne mit diesem »Fellchenkraulen« an Kopf oder Hals und arbeite mich langsam über den Rücken zur Hinterhand vor. Über die Hinterhand erreiche ich die Pobacken. Hier und hinten an den Oberschenkel werde ich versuchen, dem Pferd besonders wohl zu tun. Dies sind auch die Stellen, an denen es mit der hinteren Begrenzungsstange in Berührung kommt.
Ich gebe mir an dieser Stelle besonders große Mühe, dem Pferd immer wieder ein gutes Körpergefühl zu vermitteln. Ich beginne, über meine Hand oder vielleicht über meinen Unterarm Druck auf die Hinterhand auszuüben. Oft ist es die Berührung an dieser Stelle, die bei Pferden den Rückwärtsdrang auslöst. Mit meinen Fingern bin ich flexibel und kann Einwirkung und körperliche Wohltat miteinander kombinieren und variieren: mal mehr oder weniger einwirken, mal sofort wieder nachlassen und das Pferd kraulen. Auf diese Weise bereite ich es gut auf den Kontakt mit der Stange vor. Im nächsten Schritt berühre ich es direkt mit der Stange. Ich hantiere mit ihr herum, ohne sie gleich einzuhängen. Ich drücke sie leicht gegen den Pferdepo und hänge sie bei zunehmender Akzeptanz auch tatsächlich mal ein.
Nach und nach verliert das Pferd seine Angst vor dem »Nicht-mehr-fliehen-Können«. Es wird sicher im Transporter stehen bleiben, weil es gelernt hat, dass die Flucht ihm keinen Nutzen bringt und es im Übrigen gar nicht so schlimm ist, in diesem Ding zu stehen.

Wichtig ist wirklich, dass ich es nie zulasse, dass ein Pferd unaufgefordert aussteigt. Wenn es passieren sollte, muss es wieder einsteigen. Nur durch dieses konsequente Vorgehen, erreiche ich ein zufrieden stellendes Ergebnis. Steigt es dann ruhig und auf meine Aufforderung hin aus, wird es dafür besonders gelobt.

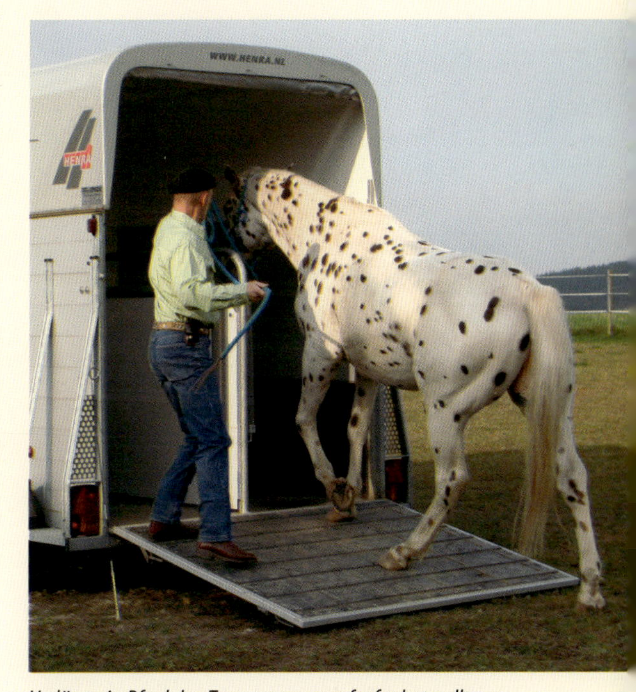

Verlässt ein Pferd den Transporter unaufgefordert, sollte man es dort augenblicklich wieder hineinschicken. Das ist mit Konsequenz gemeint. Wenn ich immer diese Eigenmächtigkeit zulasse, lernt das Pferd, dass es aussteigen kann, wenn es das will. Ich bekomme immer, was ich zulasse ...

19. Mein Pferd geht in den Hänger, bleibt aber nicht darin stehen

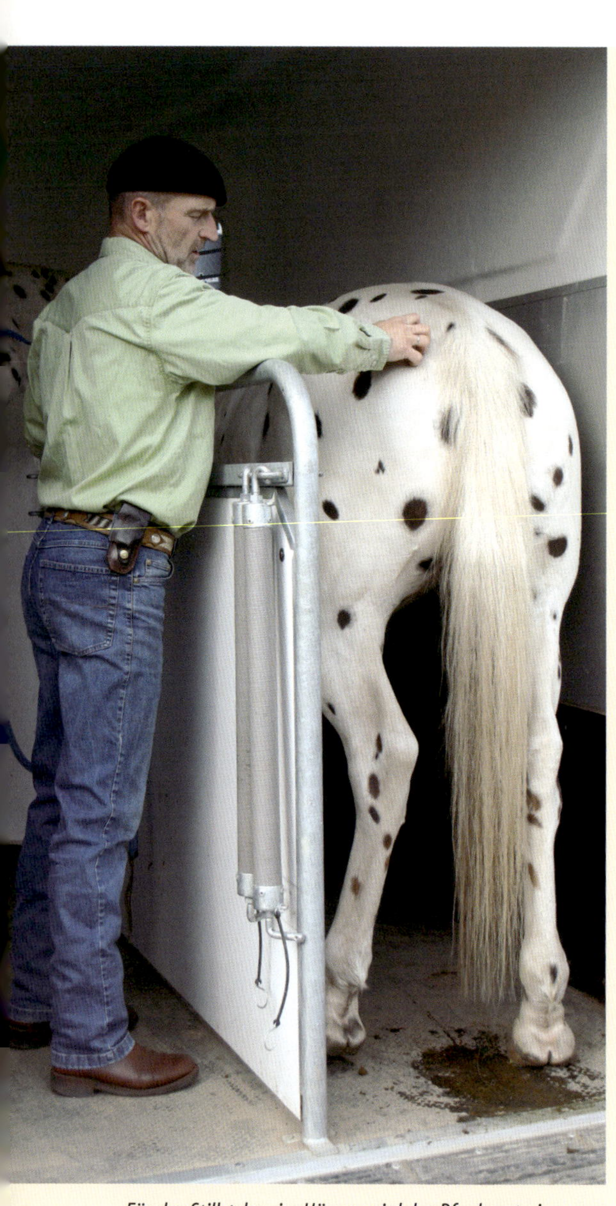

Für das Stillstehen im Hänger wird das Pferd gestreichelt und es bekommt das Fell geschubbert. Besonders intensiv mache ich das im Bereich der Hinterhand, damit es lernt, nicht gleich bei jeder Berührung nach hinten zu drängen.

Als Nächstes beginne ich, mit meiner Hand ein wenig Druck auf den Schweif und die Hinterhand auszuüben. So bereite ich das Pferd auf die hintere Begrenzungsstange vor.

Nun mache ich mir mit der Begrenzungsstange an der Hinterhand des Pferdes zu schaffen. Ich hänge sie zunächst nicht ein.

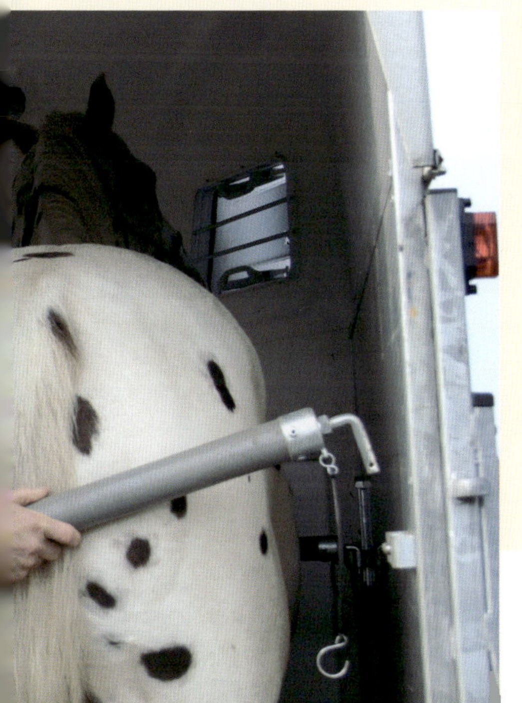

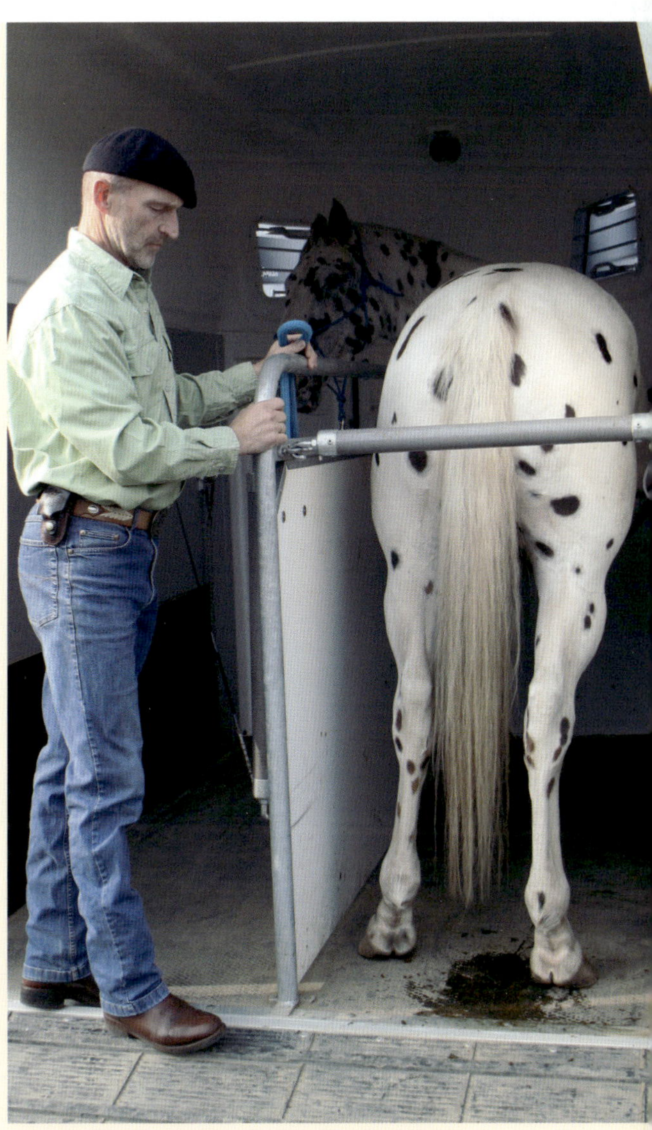

Die vorhergehende Lektion war erfolgreich. Das Pferd ist beim Hantieren mit der Stange ganz artig stehen geblieben. Es hat sich nicht zu entziehen versucht. Jetzt hänge ich die Stange tatsächlich ein. Immer, wenn das Pferd gut mitarbeitet, sollte ich mit Lob nicht sparen.

20. Stehertypen – Mein Pferd geht ohne Probleme in den Hänger, ist aber nicht dazu zu bewegen, rückwärts wieder auszusteigen

Problembeschreibung

Neulich erzählte mir jemand, er hätte ein neues Pferd gekauft. Das Verladen des Pferdes war kein Problem, auch der Transport an sich nicht. Als er es aber zu Hause ausladen wollte, war nichts zu machen. Er probierte es über einen längeren Zeitraum, das Pferd war nicht dazu zu bewegen, rückwärts aus dem Hänger zu gehen. Als nichts mehr half, baute er notgedrungen die Mittelwand aus, damit es sich im Hänger umdrehen konnte. Da es sich um einen Kaltblüter handelte, war auch das ein recht schwieriges Unterfangen. Fast wären die Wände des Hängers geborsten, als der Kerl sich darin umdrehte. Die logische Konsequenz des Besitzers aus dieser Erfahrung war nicht, wie er dem Pferd das Rückwärtsaussteigen beibringen könnte. Nein, er kaufte sich einen Anhänger mit Frontausstieg, um das Problem zu beheben. Auch eine Art von Problembewältigung.

Lösungsvorschlag

Es sind sicher unterschiedliche Gründe, warum ein Pferd nicht rückwärts aus einem Hänger steigen will. Der einfachste: es hat nicht gelernt, sich rückwärts richten zu lassen. Oder es hat Angst, rückwärts auf die schräg abfallende Verladerampe zu treten, weil es diese nicht einordnen kann und es auch nicht sieht, wo es hintritt. Es könnte ja sein, dass sich dahinter ein fünf Meter tiefes Loch befindet. Vielleicht will es auch einfach nicht rückwärtsgehen. Wie dem auch sei, diesen Zustand zu akzeptieren, halte ich für riskant, selbst wenn mir ein Transporter mit Frontausstieg zur Verfügung steht. Lassen bestimmte Umstände mal die Benutzung dieses Fahrzeuges nicht zu, habe ich ein Problem. Deswegen ist es ratsam, an diesem Defizit zu arbeiten, um möglichen Problemen von vorne herein aus dem Weg zu gehen.

Als erstes überprüfe ich in solch einem Fall, ob sich das Pferd überhaupt rückwärts richten lässt. Dazu fasse ich es mit einer Hand unterhalb des Kinns am Halfter. Die Fingerspitzen von Daumen und Zeigefinger der anderen Hand lege ich links und rechtes seitlich am Nasenbein des Pferdes an, etwas in Höhe vom Nasenriemen des Halfters. Mit diesen bringe ich nun punktuell Druck auf die besagten

Um ein Pferd auf das Rückwärtsrichten vorzubereiten, mache ich zu Beginn eine Druckpunkt-Übung. Ich übe dabei Druck mit Daumen und Zeigefinger links und rechts auf dessen Nasenbein aus. Diesen Druck steigere ich so lange, bis das Pferd nach hinten weicht. Sobald es reagiert, nehme ich den Druck augenblicklich weg. Das Pferd wird gelobt und darf eine Pause machen. Danach beginne ich von vorne.

Stellen. Zunächst ganz sanft. Reagiert es nicht, verstärke ich den Druck immer mehr. Im Extremfall kann es sein, dass ich sogar meine Fingernägel mal einsetzen muss. Das Pferd soll lernen, diesem Druck auf der Nase zu weichen, indem es sich rückwärts bewegt. Egal, wie hoch der Grad der Einwirkung ist: Sobald das Pferd auch nur einen Schritt rückwärts geht, nehme ich augenblicklich den Druck weg. Das Pferd darf eine kurze Pause machen, gleichzeitig streichele ich es an der Stelle, an der ich zuvor eingewirkt habe.

Diesen Vorgang wiederhole ich einige Male. Jedes Mal beginne ich wieder mit so wenig Einwirkung wie möglich, steigere aber auch zu so viel wie nötig. Nur dadurch lernt mein Pferd, im Laufe des Trainings auf immer feinere Signale zu reagieren. Bald brauche ich es nur noch unten am Halfter anzufassen, dort einen leichten Druck nach hinten zu geben und das Pferd wird willig rückwärts weichen. Liegt das Problem in einem grundsätzlichen Defizit beim Rückwärtsrichten, werde ich dieses zunächst einige Zeit üben, damit es mir später auch für das Aussteigen aus dem Hänger zur Verfügung steht.

Ist der Grund in einer grundsätzlichen Blockade des Pferdes für das Rückwärts in Verbindung mit der Hängersituation zu finden, gehe ich folgendermaßen vor:

Ich führe es bis an die Rampe und halte an. In oben beschriebener Weise lege ich die Finger einer Hand auf den Nasenrücken des Pferdes, die andere fasst ins Halfter, unterhalb des Kinns. Durch die entsprechende Einwirkung fordere ich es auf, ein oder zwei Schritte rückwärts zu treten. Reagiert das Pferd gut und willig, werde ich es ausführlich loben, an der Nase streicheln und es eine Pause machen lassen. Diesen Vorgang wiederhole ich noch ein oder zwei Mal um sicher zu gehen, dass das Pferd auch wirklich verstanden hat. Dann werde ich es mit den Vorderbeinen auf die Rampe treten lassen, es anhalten und wieder rückwärts herunter treten lassen. Auch das übe ich einige Male zur Festigung. Immer, wenn es sich gut rückwärts richten lässt, wird es ausführlich gelobt. Dann lasse ich es ein wenig weiter auf die Rampe treten, anhalten, rückwärts, loben, Pause und so weiter. Man könnte das Ganze auch als eine Art »Schaukeltherapie« bezeichnen.

So werde ich dem Pferd langsam und in kleinen Schritten den Weg rückwärts aus dem Anhänger erklären und angenehm machen. Dadurch wird es seine Blockade überwinden und bald kein Problem mehr mit dem Aussteigen haben.

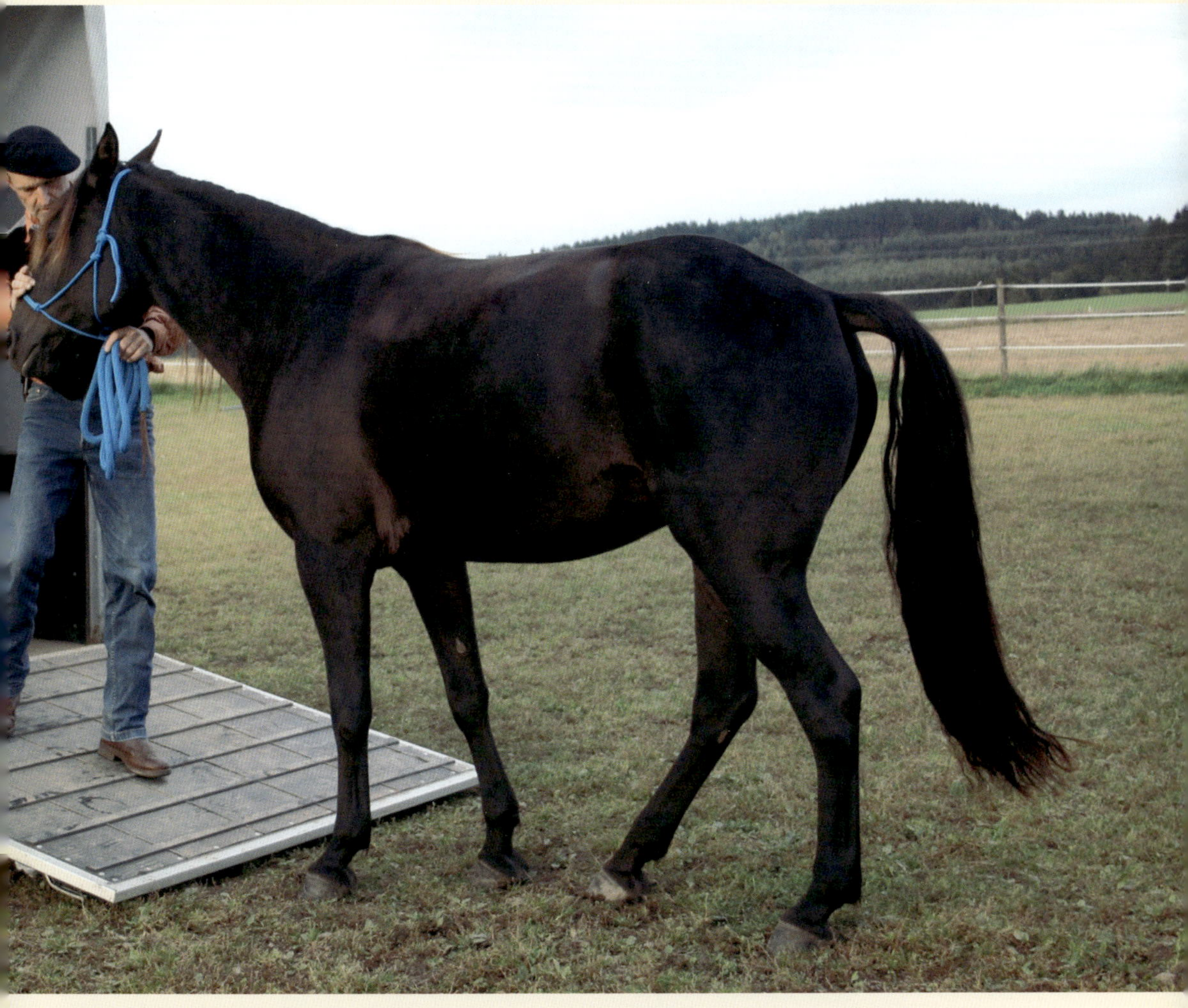

Hat das Pferd gelernt hat, auf meine Aufforderung hin rückwärts zu weichen, versuche ich es am Hänger. Ich stelle es vor die Verladerampe und lasse es von hier aus zunächst einige Male rückwärts treten.

Sie sehen, die Vorgehensweise ist immer die Gleiche. Ich vermittle dem Pferd Erfolge. Wichtig ist, dass es diese Erfolge da erhält, wo es etwas tut, was in meinem Sinne ist. Natürlich richtet sich das immer nach den besonderen Herausforderungen, die sich gerade stellen. Dem einen Pferd gebe ich seinen Erfolg beim Einsteigen in den Transporter, dem anderen beim Stehen bleiben darin und in diesem Fall für das Aussteigen. Pferdeausbildung ist eine ganz individuelle Sache und muss sich immer an den aktuellen Bedürfnissen orientieren.

Im nächsten Schritt lasse ich das Pferd mit einem Fuß auf die Rampe treten. Wenn es das geschafft hat, lasse ich es kurz anhalten. Danach richte ich es wieder zurück.

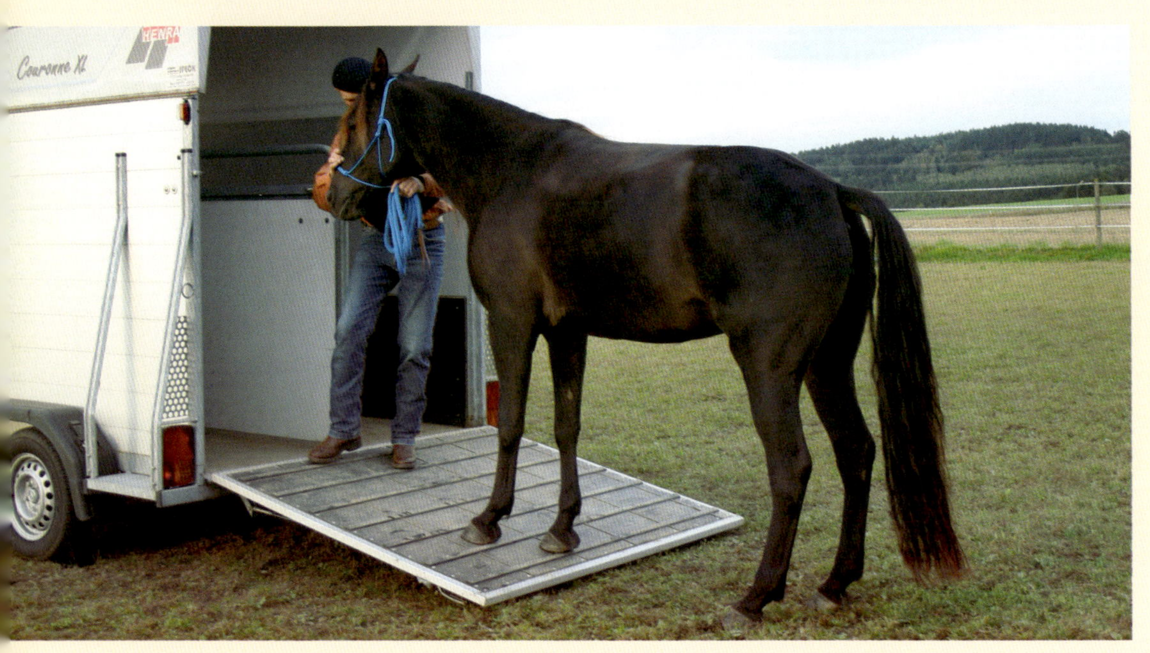

Nun führe ich es ein Stück weiter auf die Rampe, sodass es mit beiden Vorderbeinen darauf steht.

azu zu bewegen, rückwärts wieder auszusteigen

Auch von dieser Stelle aus schicke ich es wieder ein Stück zurück. Jede Lektion übe ich ein paar Mal, bevor ich einen Schritt weitergehe. Indem ich das Pferd einen Schritt vor und wieder zurücktreten lasse, lernt es, sich ohne Stress und in kleinen Schritten problemlos ausladen zu lassen.

21. Vom Stillstehen beim Transport

Problembeschreibung

Ein Pferd zu trainieren, in den Hänger einzusteigen, stehen zu bleiben und auch rückwärts wieder auszusteigen ist eine Aufgabe, die man lösen kann. Ein Pferd während des Transportes zu beeinflussen, wenn es Zoff macht, ist keine so einfache Aufgabe. Hier sind meine Möglichkeiten recht eingeschränkt. Zum einen ist es nach der Straßenverkehrsordnung nicht erlaubt, hinten im Anhänger mitzufahren. Somit habe ich keine Chance, während des Transportes direkt auf das Pferd einzuwirken. Zum anderen könnte das ein recht gefährliches Unterfangen sein. Beginnt ein Pferd zu toben, wäre ich diesem schutzlos ausgeliefert.

Der Araber Windu war das Pferd von Meggi, meiner Frau. Er war ein echtes Sensibelchen mit einem etwas schwachen Nervenkostüm. Mit dem Hängerfahren hatte er auch so seine Probleme. Das hatte allerdings eine Vorgeschichte. Der Züchter Herr F. hatte ihn als junges Pferd verkaufen wollen und auch einen Käufer gefunden. Nun ging es darum, Windu zu seinem neuen Besitzer zu bringen. Windu war ein richtiges Muttersöhnchen. Er war, obwohl schon fast dreijährig, zeitlebens mit seiner Mutter zusammen gewesen und immer noch nicht wirklich abgesetzt. Mit dem Verladen hatte er bis dahin auch noch keine Erfahrung gemacht. Weil er es nicht besser wusste, stellte Herr F. den Hänger einfach auf die Weide, legte Futter hinein und hoffte, dass Windu sich dadurch motivieren ließe einzusteigen. Er stieg tatsächlich ein, noch gab es keinen Grund, der ganzen Sache zu misstrauen. Sofort eilte Herr F. herbei und schloss die Klappe. Da dieser aber das Zugfahrzeug zuvor abgehängt und weggebracht hatte, rannte er schnell zu seinem nahe gelegenen Haus, um es wieder zu holen. Er wollte die Gelegenheit beim Schopfe packen. Allerdings kam ihm nicht in den Sinn, dass Windu in dieser Zeit Unfug machen könnte. Er begann im Hänger zu toben, dabei kippte dieser hin und her, was das Ganze noch verschlimmerte. Er stieg, stürzte und verletzte sich dabei ziemlich. Danach war Windu nicht mehr zu bewegen, in diesen »Kasten« zusteigen. So verbrachte er weitere drei Jahre bei seiner Mutter auf der Weide.

Problemlösung

Über einen Freund erfuhren wir von Windu. Wir schauten ihn an, er gefiel uns und wir kauften ihn. Da wir gerade in dieser Gegend einen Wanderritt geplant hatten, beschlossen wir kurzerhand, uns gar nicht erst auf den Verladestress einzulassen. Mit dem Vorbesitzer vereinbarten wir einen Treffpunkt, an dem er uns beim Heimritt Windu übergeben sollte und wir nahmen ihn als Handpferd mit nach Hause. So weit so gut. Irgendwann hatten wir die Idee, mit ihm einen Kurs zu besuchen, was aber nicht möglich war, weil er sich nicht verladen ließ. Die logische Konsequenz daraus hieß: Verladetraining. So machte meine Frau sich viel Mühe und brauchte auch einige Zeit, bis er die Sache endlich verstanden hatte und einstieg.

Aber wie würde er sich beim Fahren verhalten? Nicht auszudenken, wenn er während der Fahrt zu toben anfangen sollte ... Wir wollten es nicht darauf ankommen lassen und beschlossen, Fahrtraining zu machen. Ganz langsam setzte ich das Zugfahrzeug in Bewegung, wir fuhren nur Schritttempo. Während dessen ging Meggi hinter dem Hänger her und beobachtete Windu.

Immer, wenn dieser nervös zu werden begann, wurde er streng ermahnt. Gab er sich Mühe und nahm sich zusammen, wurde er begeistert gelobt.

An diesem Tag fuhren wir nur eine kleine Schrittrunde um den Häuserblock. Immer wieder hielten wir kurz an, öffneten die Seitentüre, lobten und fütterten ihn mit Leckerli, wenn er gut gestanden war. Die erste Lektion war erfolgreich verlaufen. In den Folgetagen wiederholten wir das Training und weiteten unseren Aktionsradius immer mehr aus. Immer wieder wurde Windu für gutes Verhalten mit viel Lob und Zuwendung überschüttet. Wir legten an Tempo zu und weiteten unsere Fahrstrecken noch mehr aus. Bald war Windu zu einem sicheren Hängerpferd geworden, er hatte sein Trauma aus der Kindheit überwunden.

Das Pferd steht im Transporter, die Verladerampe ist geschlossen. Wie wird es sich wohl anstellen? Zur Kontrolle schaue ich von hinten über die Klappe, um im Konfliktfall eingreifen zu können.

21. Vom Stillstehen beim Transport

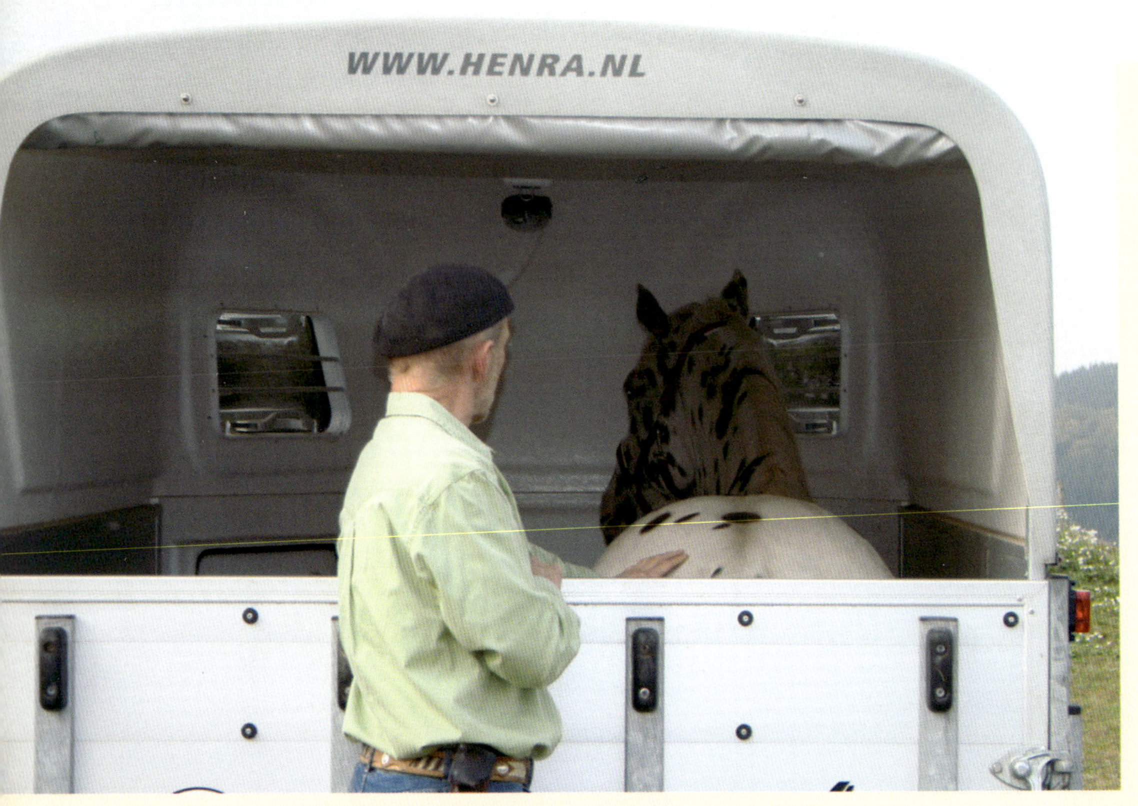

Lässt das Pferd sein unerwünschtes Verhalten, wird es ausgiebig gelobt und gestreichelt.

Sobald das Pferd anfängt, unruhig zu werden oder gar im Hänger zu »zoffen«, wird es mit eindringlicher Stimme und deutlichen Gesten ermahnt. Sanfte, beruhigende Worte sind hier fehl am Platz.

Was bisher am stehenden Hänger vorbereitet wurde, soll nun auch im Fahren getestet werden. Manche modernere Anhänger haben an der Rückseite der Verladerampe einen kleinen Tritt. Wenn man sich auf diesen stellt, kann man bequem ins Hängerinnere hineinschauen. Fährt man auf nicht öffentlichen Straßen, kann man auch während einer langsamen Fahrt mal dort stehen, um ein Pferd zu kontrollieren und nötigenfalls auf es einzuwirken.

21. Vom Stillstehen beim Transport

Ein anderer Fall

Es kann aber auch ganz anders kommen … Anke besaß eine wunderschöne, mit allen Vorzügen ausgestattete Knabstrupper-Stute. Sie hatte sich viel Mühe bei ihrer Ausbildung gegeben. Sie konnte Lektionen der hohen Schule und war mittlerweile ein tolles »Show-Pferd«. An »Shows« mitzureiten war Ankes Leben. Weil ihr Pferd so gut ging, bekam sie von einem bekannten »Show-Reiter« die Chance, Mitglied in seinem »Show-Team« zu werden und auf Veranstaltungen mitzureiten. Davon hatte Anke geträumt. Es gab da nur ein Problem: Ihr Pferd ließ sich nicht transportieren. Daran konnte sie auch trotz 30 Jahre Reiterfahrung nichts ändern. Sie hatte eine Menge ausprobiert, letztlich schaffte sie es nicht.

Sie hatte in einem Pferdemagazin einen Artikel über mich gelesen, in dem es um das Thema »Verladen« ging. In einer E-Mail schilderte sie mir ihre Probleme und bat mich um Rat.

Sie hatte ihr Pferd vierjährig aus Dänemark bekommen. Der Transport an sich war damals gar nicht so schlimm. Vor allem auf der Autobahn gab es keine Probleme. Probleme machte das Pferd hauptsächlich in Linkskurven. Sobald der Fahrer vom Gas ging, um eine Linkskurve anzusteuern, wurde die Stute nervös und senkte ihre Hinterhand dabei ab. In der Kurve fiel sie beinah um, bzw. schmiss sich hin und wurde regelrecht böse. Dabei kam sie teilweise unter die hintere Begrenzungsstange, tat sich weh und wurde panisch. Sie versuchte dann, ihr Gleichgewicht durch wildes Gezappel wieder zu erlangen, um aufstehen zu können.

Der Versuch, die Mittelwand auszubauen, damit das Pferd mehr Platz zum Ausbalancieren hatte, war bereits gescheitert, bevor das Fahrzeug sich überhaupt in Bewegung setzte. Alleine beim Anblick der jetzt längeren hinteren Abgrenzungsstange hatte das Pferd versucht, sich hinzuwerfen. Daraufhin wurde es nicht mehr transportiert.

Ich antwortete ihr Folgendes:

Ich habe mir Ihre Mail einige Male durchgelesen und mir Gedanken gemacht, wie ich die Sache angehen würde. Natürlich gibt es kein Patentrezept, das gibt es bei Problemen mit Pferden nie. Dennoch gibt es einige Möglichkeiten, die Sie ausprobieren können, vielleicht ist hier eine Lösung für Ihr Problem dabei.

Hat das Pferd eine sehr ausgeprägte einseitige Schiefe, hat es ein starkes Biegeproblem und damit verbunden auch ein Balanceproblem. Möglicherweise liegen auch eine oder mehrere Wirbelblockaden vor. Das sollte abgeklärt und diese gegebenenfalls behandelt werden.

Haben Sie versucht, die Standseite im Anhänger zu wechseln?

Vielleicht kann das Pferd auch mit einem zweiten, ruhigen und routinierten Pferd zusammen transportiert werden?

Ich würde auf jeden Fall ein regelmäßiges Verlade-Training einplanen und das Pferd ausgiebig im Hänger füttern.

Ich würde nach ein oder zwei Wochen mit einem behutsamen Fahrtraining im Schritttempo beginnen und die Linkskurven zunächst ganz groß anlegen. Ich würde während des Trainings immer jemanden hinter dem Hänger mitgehen lassen.

Sollte die hintere Querstange im Transporter zu hoch angebracht sein, empfehle ich, diese tiefer anzusetzen, um die Gefahr, dass das Pferd unter sie rutschen kann, zu minimieren.

Nach paar Tagen erhielt ich dann folgende Rückantwort.

Lieber Herr Pfister,

ich habe mich sehr über Ihre Antwort gefreut. Meine Stute haben wir zwischenzeitlich einmal auf die »Fahrerseite« gestellt, zuvor stand sie immer auf der »Beifahrerseite«. Auch hier hat sie sich nach links geschmissen! Unser Anhänger hält das leider nicht mehr aus. Nach wenigen Metern war die Außenwand verbogen. Diese Überlegung fällt leider flach.

Mit einem ruhigen Pferd hatte ich die Stute bereits zusammen gefahren. Auch hier schmiss sie sich zur Seite. Ich hatte große Angst, dass den Pferden etwas passiert. Gott sei Dank ist alles gut gegangen. Der Punkt fällt also leider auch weg.

Ihr Hinweis auf das Biegeproblem gibt mir als einziges ein bisschen »Futter«. Als ich sie bekam, hatte sie sich ständig links verworfen und ließ sich links nur sehr schwer biegen. Allerdings hatte sie wahnsinnige Probleme mit der rechten Schulter (muskulär), dem Armkopfmuskel und dem linken Knie. Das Knie und die Schulter sind so weit okay, ihre Schwachstelle ist immer noch der Halsmuskel. Die Wirbel habe ich nicht kontrollieren lassen, da sie seit der Behandlung der oben genannten Dinge überhaupt nicht anfällig ist.

Ich bin – obwohl verboten und gefährlich, aber ich wusste mir keinen anderen Rat mehr – dreimal im Anhänger mitgefahren, um das Problem zu analysieren. Ich hatte sie in jeder Linkskurve scharf angesprochen und mit der Gerte touchiert (das kennt sie von der Arbeit). Dabei habe ich gesehen, dass sie sich ohne sichtbare Probleme ausbalancieren kann. Ruhiger ist sie auch, wenn ich mitfahre, aber das geht ja leider nicht. Fakt ist, bevor es zum Ausbalancieren kommt, schmeißt sie sich mit der Hinterhand nach links, strampelt dann rechts mit den Beinen und verliert ziemlich den Halt. Meiner Meinung nach weiß das Pferd nicht, wann und in welche Richtung sie sich in den Kurven ausbalancieren muss. Auf der Autobahn steht sie relativ gut. Die Stute ist sehr, sehr neugierig und visuell orientiert. Auf dem Hänger sieht sie aber nicht, was passiert.

Ende Mai wollte ich an einem Seminar teilnehmen. Als die Zusage kam, machte ich sehr intensiv Hänger-Training, da sie zunächst wieder nicht einmal mehr in den Hänger wollte. Ich hatte sie gefüttert, die Stange und Klappe geschlossen, das Pferd stehen gelassen, usw. Sobald das Auto losfuhr war Schluss mit dem ruhigen Stehen. Je mehr ich übte, umso schlimmer wurde es. Sie machte schon einen richtig hysterischen Eindruck, ging aber immer wieder brav alleine auf den Hänger.

Zu Beginn unseres Hänger-Trainings hatte ich sie im Anhänger fressen lassen. Sie ist rauf in den Hänger, hat ein Maul voll Heu genommen, ist runter und hat erst einmal gekuckt, was drumherum los ist. Jedes Geräusch hatte sie dazu veranlasst, vom Hänger runterzurennen und zu gucken. Zuerst hatte ich ihr das gestattet. Erst als sie die Futterration ohne runterzurennen auffraß, hatte ich die Stange geschlossen. Erst als sie das wieder sicher akzeptierte, hatte ich dann die Klappe zugemacht. Alle hatten mich auf unserem Hof schon belächelt, aber ich hatte das sehr behutsam und langsam geübt.

Sobald es ans Fahren ging, war einfach Schluss. Bei der letzten Übung fiel sie schon zur Seite, als wir nur anfuhren. Sie wurde richtig hysterisch und versuchte gar nicht, sich auszubalancieren. Auch scharfes Ansprechen oder Touchieren von außen hatte nur noch eine ganz geringe Wirkung.

Die Hinfahrt zum Kurs ging noch einigermaßen, nur die Linkskurven ... Der Rückweg war der Horror! Der ganze Hänger war verbogen, die Trennwand rausgehebelt, der Gummiboden hin, die Transportgamaschen ausgezogen und das Pferd natürlich verletzt.

Mein Mann hat jetzt einen kleinen LKW (5-Tonner) gekauft, den wir gerade umbauen, damit meine Stute sicherer steht. Auch die Verletzungsgefahr ist darin geringer. Man sagt ja, dass Pferde, die auf dem Hänger Probleme haben, häufig besser auf einem LKW stehen. Wir werden es ausprobieren.

Auf alle Fälle ist meine Stute eine verdammt harte Nuss, ich habe das in den 30 Jahren, in denen ich mit Pferden zu tun habe, noch nicht erlebt. Fakt ist aber, dass ich Angebote habe, bei Shows mitzureiten und mein Pferd das auch supergut machen würde – wenn das Fahren nicht wäre!

Vielen Dank für Ihre freundliche und vor allen Dingen kom-

petente Hilfe. Vielleicht haben sie noch weitere Ideen ... Ich werde die Sache mit den Wirbeln noch in Angriff nehmen. Wenn es Sie interessiert, werde ich Sie auf dem Laufenden halten. Nochmals herzlichen Dank für Ihre Hilfe!
Viele Grüße
Anke F.

Das war eine lange Mail. Ich wollte sie Ihnen in ihrer Gesamtheit nicht vorenthalten, zeigt sie doch sehr deutlich, wie komplex dieses Problem sein kann. Anke hat sich ganz viel Mühe gemacht, hat nichts unversucht gelassen, hat alle erdenklichen Dinge ausprobiert, bis dahin, sogar einen LKW zum Transport ihres Pferdes zu kaufen. Bisher hatte Anke mit all ihren Versuchen keinen Erfolg. Aber vielleicht haben Sie, liebe Leser, ebenfalls ein Transportproblem und eine der angesprochenen Möglichkeiten hilft Ihnen bei der Lösung.

Zwei Möglichkeiten fielen mir noch nachträglich ein. Zum einen der Versuch, die Stute verkehrt herum in den Hänger zu stellen, so dass sie hinten herausschauen kann. Dabei muss ein Pferd aber, am besten von zwei Seiten, gut angebunden sein, damit es nicht auf die Idee kommt, über die Verladerampe aus dem Transporter herauszuspringen. Bei einzelnen Pferden, so wurde mir berichtet, soll das gut geholfen haben. Eine andere Möglichkeit wäre noch die Verwendung eines Anhängers, in dem die Pferde schräg stehen, also etwa in einem 45 °-Winkel zur Fahrtrichtung. So können sie sich besser nach vorne und auch zur Seite ausbalancieren.

Die Geschichte mit Anke und ihrer Knabtrupper-Stute ging weiter.

Eine unabdingbare Voraussetzung für »Show-Reiter« ist, auf Shows auch präsent zu sein. Dazu muss das »Show-Pferd« an den Ort des Geschehens transportiert werden können. Ankes Stute war genial, beide hatten eine tiefe innere Beziehung zueinander. Aber dieses Problem war nicht zu lösen. So suchte sie eine Alternative für sich und ihr Pferd, mit der sie beide leben konnten. Nach vielen Monaten intensiven Suchens fand sie Petra, eine junge Frau, die große Freude an dem Pferd hatte. Viele Wochen kam Petra regelmäßig, um sich mit der Knabstrupper-Dame zu beschäftigen. Diese Verbindung passte. Das Schöne daran war, dass Petra keinerlei Ambitionen hatte, mit dem Pferd auf Tour zu gehen. Sie hatte einfach nur Freude an der Stute und wollte die Zeit mit ihr ausschließlich im heimischen Stall genießen.

Anke hatte schon seit Monaten immer wieder mit ihrem Tierarzt die Möglichkeit erörtert, ihr Pferd eventuell für diesen einmaligen Transport zu Petra leicht zu sedieren, um so die Überführung vornehmen zu können. Dieser war auch überzeugt davon, ein entsprechendes Mittel zu haben, mit der er die Stute ruhig stellen konnte. Petra wohnte 80 Kilometer von Anke entfernt. Eine andere Option für Anke wäre gewesen, diese Strecke zu reiten, da sie auf keinen Fall ein Risiko für ihr Pferd eingehen wollte. Im Zweifelsfalle hätte sie ihr Pferd behalten. Aber der Tierarzt sicherte ihr zu, alles im Griff zu haben.

Der Tag kam, an dem die Stute umziehen sollte. Da Anke sich mental nicht stark genug fühlte, bei diesem Abschied dabei zu sein, überließ sie diese Aktion ihrem Mann Michael und dem Tierarzt. Aber nicht ohne vorher noch einmal eindringlich die Anweisung zu hinterlassen: »Wenn es nicht funktioniert, bleibt sie hier.«

Die erste Spritze wurde gesetzt, nach kurzer Zeit begann das Tier zu toben, es wurde nachgespritzt. Auch das half nicht, so wurde die Dosis weiter erhöht. Anstatt Ankes Anweisung zu beachten und die Aktion abzubrechen, setzte der Tierarzt seinen ganzen Ehrgeiz in die Sache. Schließlich wurde das Pferd mit viel Stress, verschiedenen Hilfsmitteln und der Unterstützung von vier Männern auf den Transporter »genötigt«. Diesen hatte Michael zuvor versucht, optimal auszupolstern, auch die Stute war mit Schutzgamaschen ausgestattet.

Michael fuhr los. Das Pferd tobte im Transporter. Auch nach einigen Kilometern beruhigte sich die Stute nicht. Auf seinen Anruf beim Tierarzt erhielt Michael die Anweisung: »Fahren Sie weiter, das Pferd wird sich gleich beruhigen.« Er fuhr weiter, das Pferd beruhigte sich noch immer nicht. Weitere Anrufe beim Tierarzt ergaben die gleiche Anweisung. Ein paar Minuten vor der Ankunft in Petras Stall war plötzlich Ruhe. Michael war erleichtert, sein erster Gedanke: Jetzt hat sie es endlich akzeptiert. Am Zielort angekommen, war Petras Familie versammelt und auch etliche Freunde waren gekommen. Alle wollten dabei sein, wenn das nette Stütchen ankam.

Ein bitteres Ende

Die Verladerampe wurde geöffnet: Ein Schock. Zusammengebrochen und blau angelaufen hing die Stute tot im Halfter – ein Bild des Grauens. Petra war so geschockt, dass sie laut schreiend davonlief. Auch alle anderen Umstehenden konnten es nicht fassen.

Noch heute sind die Wunden nicht verheilt, die dabei entstanden sind. Die hübsche Knabstrupper-Stute war tot. Die Menschen, die unmittelbar davon betroffen waren, traumatisiert. Die Sache hatte bei Anke und Michael tiefe Narben hinterlassen und auch Petra wurde nicht richtig damit fertig. Immer, wenn sie heute ein Pferd zu transportieren haben, wirken diese Ereignisse nach. Ein leichtes Rumpeln im Transporter lässt ihren Magen verkrampfen. Sie stehen unter höchster Anspannung. Allein die Fahrt mit dem Transporter durch eine Linkskurve löst heute noch bei Anke regelrechte Stress-Attacken aus.

Auch das gibt es

Manche Beruhigungsmittel lösen mitunter das Gegenteil aus. Dann kann es zu paradoxen Verhaltenweisen, starken Überreaktionen und Atemdepressionen kommen. Diese möglichen Nebenwirkungen kann man auch auf den Beipackzetteln der Medikamente nachlesen. Kommt dann möglicherweise noch eine hochsommerliche Wetterlage mit hohen Wärmegraden dazu, wie in diesem Fall, wird das Ganze zusätzlich verstärkt. Der Tot von Ankes Stute war eindeutig auf ein Herz-Kreislauf-Versagen zurückzuführen. Die Überdosis Beruhigungsmittel, kombiniert mit starkem Stress und den hohen Temperaturen hatte ihr Opfer gefordert. Eine dramatische Geschichte.

22. Pius steigt mich an, sobald ich bei der Bodenarbeit etwas von ihm fordere

Problembeschreibung

Folgende E-Mail erreichte mich:

Hallo, Herr Pfister,

Ich habe mir vor zwei Monaten einen 10-jährigen Letten-Wallach namens Pius gekauft. Pferde- und Reiterfahrung habe ich lediglich aus der Jugendzeit, abgesehen von einigen kleinen Ausritten mit den Pferden einer Freundin. Von Vorneherein habe ich keinen Hehl daraus gemacht, dass ich Anfängerin bin und lediglich ein braves und zuverlässiges Freizeitpferd suche, das mich tragen kann.

Die Verkäuferin sicherte mir zu, dass wir dann ja prima zusammenpassen würden, erwähnte jedoch mehrmals, dass Pius ein dominantes Pferd sei. Da ich mir in meinem Leichtsinn einbildete, eine starke Hand zu haben, dachte ich, dieses Problem wäre schnell gelöst. Ich machte mir über diese Aussage keine Gedanken. Beim Vorlongieren und Vorreiten zeigte das Pferd keine Auffälligkeiten. Nach Ankaufsuntersuchung und Proberitt kaufte ich Pius dann. Heute meine ich, vielleicht etwas zu voreilig.

Bald merkte ich, dass Pius ein Steiger ist. Allerdings nur bei der Bodenarbeit und wenn er sich auf dem Platz austobt und jemand am Zaun steht, den er dort nicht sehen will. Wir befürchten, er könne darüber springen, wenn wir dort nicht stehen. Obwohl der Zaun eigentlich recht hoch ist. Weichen wir nicht zurück, wenn er in Richtung Zaun getobt kommt, steigt er uns an. Dasselbe macht er auch bei der Bodenarbeit und das bereits seit dem ersten Tag. Sobald er keine Lust mehr hat, dreht er sich zu mir. Wenn ich ihn weg- oder weiterschicken will, beginnt er zuerst mit dem Kopf zu nicken, dann stampft er mit den Vorderbeinen auf und letztendlich steigt er auf mich zu.

Anfangs bin ich natürlich nicht zurückgewichen, sondern habe mich ihm wie ein Fels in der Brandung entgegengeworfen. Aber daraufhin kam er mir noch weiter entgegen. Dieses Spielchen geht dann so lange, bis ich erschöpft aufgebe. Ich weiß nicht weiter und habe auch inzwischen Angst vor ihm.

Mir ist schon klar, dass sich dieses Problem nicht von alleine löst und das er versucht, seine Grenzen noch mehr zu erweitern, wenn ihm nichts entgegengesetzt wird. Alle uns bekannten Trainer winken ab beim Thema »Steiger«. Ist er wirklich ein hoffnungsloser Fall? Ich kann es nicht wirklich glauben. Beim sonstigen Umgang klappt es ja auch und Reiten lässt er sich prima.

Maja Janssen

Problemlösungsvorschlag

Liebe Frau Janssen,

Steiger sind immer »üble« Gesellen. Da Sie aber schreiben, dass Pius nur bei der Bodenarbeit steigt und nicht unter dem Sattel, halte ich das Problem für nicht so gravierend.

Ein Pferd lernt das, wo es Erfolg mit hat und lässt das, womit es keinen Erfolg hat. Es lernt also über Erfahrungen. Scheinbar hatte Pius mit dieser Steigerei mal Erfolg. Daraus hat er gelernt, dass Steigen ihm Vorteile bringt und das dann immer wieder mit Erfolg wider den Menschen eingesetzt.

Jetzt heißt es, Pius mit dem Steigen keinen Erfolg mehr zu gönnen. Wenn er keinen Vorteil davon hat, ist die Wahrscheinlichkeit groß, dass er das Steigen lässt.

Ein Pferd darf Angst haben, schließlich ist es ein Fluchttier. Was es nicht darf, ist respektlos sein. Menschen anzusteigen und zu bedrohen ist eine ganz grobe Art von Respektlosigkeit.

Hier muss das Pferd, notfalls mit viel Nachdruck, lernen, dass das auf keinen Fall geduldet wird.

Ich weiß nicht, womit Sie Ihr Pferd bei der Bodenarbeit gezäumt haben und welche Hilfsmittel Sie benutzen. Ich würde ihm ein Knotenhalfter anziehen und mit einem vier Meter langen Arbeitsseil arbeiten. Mit diesem können Sie sich in der Regel gut durchsetzen. In gravierenden Fällen kann allerdings auch der Einsatz eines wenig gepolsterten Kappzaumes sinnvoll sein. Empfehlenswert ist es, Handschuhe zu tragen, damit Sie sich nicht durch das Seil verletzen, falls dasPferd versucht, Sie durch die Gegend zu ziehen. Außerdem brauchen Sie ein respektvermittelndes Hilfsmittel, welches es Ihnen möglich macht, Pius auf Distanz zu halten. Hier bietet sich eine lange Longierpeitsche an. Leider ist sie etwas unhandlich und lässt sich schlecht benutzen für schnelle und nachdrückliche Einwirkungen, auf die es gerade auch in Ihrem Fall ankommt. Deswegen wäre mein Mittel der Wahl der Kontaktstock, der 120 cm langer Fiberglasstock mit dem etwa 2 Meter langen und 6 Millimeter dicken Schlag. Hiermit kann ich bei Bedarf viel Druck und somit Respekt aufbauen. Eine andere Möglichkeit ist, eine einfache Plastikeinkaufstüte einzusetzen, die an der Spitze eines Stockes befestigt ist. Mit dieser »Wundertüte«, wie ich sie nenne, habe ich schon bei so manchem Pferd eine Menge Eindruck hinterlassen. Gerade bei distanzlosen und aufsässigen Pferden ist ihr Einsatz sehr wirkungsvoll.

Steigt Ihr Pferd Sie beim Freilaufen an oder attackiert es Sie sonst wie, nehmen Sie den Kontaktstock am Besten in beide Hände und schlagen mit all Ihrer Energie, voller Wucht vor ihm auf den Boden. Bündeln Sie in diesem Moment all Ihren Zorn – bringen Sie ihn zum Ausdruck. Das so lange, bis das Pferd einhält und zurückweicht. Lassen Sie gar nicht zu, dass es überhaupt ungefragt weiter wie vielleicht drei Meter an Sie herantritt.

Arbeiten Sie mit der Wundertüte, ist es bei großen Pferden angebracht, diese an einem etwa 150 cm langen Stock zu befestigen. Schwenken Sie diesen kraftvoll vor dem Pferd hin und her und gehen dabei noch aggressiv auf es zu, werden Sie ebenfalls eine Menge Respekt bekommen. Sobald das Pferd weicht, nehmen Sie den Druck weg.

22. Pius steigt mich an, sobald ich bei der Bodenarbeit etwas von ihm fordere

Scheuen Sie sich nicht, am Anfang wirklich viel Druck aufzubauen. Das ist wesentlich effektiver und nachhaltiger, als halbherzige Aktionen. Was Sie am Anfang einsetzen, sparen Sie hinterher. Das Pferd wird Sie sehr viel ernster nehmen.

Ich nenne das dann: Eine Bombe platzen lassen. Genau so müssen Sie sich Ihre Aktion vorstellen: kurz, heftig, überraschend und eindrucksvoll – wie eine Detonation. Der Überraschungsmoment spricht für Sie. Hier sollte man wirklich nicht zimperlich sein.

Spricht Ihr Pferd mit Ihnen in dieser Sprache, sollten Sie sich nicht scheuen, in der gleichen Weise zu erwidern. Sie können es sich nicht leisten, in solchen Momenten nachsichtig zu sein, dazu ist die Sache zu gefährlich. Ich kann mir vorstellen, dass diese Passage manchem nicht gefällt, aber das sind die Spielregeln:

Wer nicht leitet, der leidet. Leiten tut immer der, vor dem der Andere weicht. Der, der sich bewegen lässt, ordnet sich unter.

Steigt Ihr Pferd, während Sie mit ihm an der Longe oder am Seil arbeiten, können Sie versuchen, das Pferd durch heftige, ruckartige Einwirkungen von der Seite, aus der Balance zu bringen. Hierzu sollten Sie genau den Augenblick erwischen, in dem das Pferd in der Luft ist. Das lange Seil gibt Ihnen dabei die Möglichkeit, auf Distanz zu gehen und das Pferd steigen zu lassen, ohne dass es Ihnen dabei zu nahe kommt. Sollten Sie mit Knotenhalfter und Seil arbeiten, ist es am Wirkungsvollsten, wenn Sie den Haken des Seiles nicht in die Schlaufe unter dem Kinn einhängen, sondern am Nasenband. So können Sie das Pferd im wahrsten Sinne des Wortes »an der Nase fassen« und damit besser kontrollieren. Noch wirkungsvoller ist in diesen Situationen allerdings der Einsatz des Kappzaumes. Mit diesem können sie mal richtig »anklingeln«und dem Pferd eine Menge Unannehmlichkeiten machen. So gewaltig, wie Sie mit diesem Ding einwirken können, so groß ist aber auch die Gefahr des Missbrauchs. Gerade im iberischen Bereich finden Sie in diesem Zusammenhang viel Unschönes.

Mit Hilfe der Wundertüte kann ich einen Steiger ganz schön beeindrucken. Hierbei sollte meine Einwirkung entschlossen und mit Nachdruck geschehen. Wenn ich dabei zimperlich vorgehe, wird mich mein Pferd nicht respektieren.

Natürlich können Sie auch den oben beschriebenen Einsatz von Kontaktstock oder Wundertüte bei der Arbeit an der Longe einsetzen.
Ich wünsche Ihnen viel Mut und Erfolg beim Umsetzen und noch einmal den Tipp:

Leisten sie sich keinen Steiger. Hier Rücksicht zu nehmen nützt niemandem. Sie können Ihrem Pferd keinen größeren Gefallen tun, als es anständig zu erziehen. Das ist Lebenshilfe für Mensch und Pferd. Mit einem Pferd ohne Erziehung, dazu gehört auch das Steigen, möchte niemand gerne umgehen. Es ist viel zu gefährlich. Das Pferd wird von einer Hand zu nächsten wandern und dann – im schlimmsten Fall – beim Metzger landen.

In diesem Sinne...
Ihr Peter Pfister

Dieser Knabstrupper-Hengst möchte nicht mit mir kommunizieren. Er möchte sich stattdessen durch Steigen entziehen. Dabei versuche ich gerade, ihn in der Steigephase durch seitliches Einwirken aus der Balance zu bringen. Effektiver wäre es, wenn das Pferd einen Kappzaum tragen würde.

23. Ignoranten im Round Pen

Eine runde Sache – warum Round Pen?

Noch vor wenigen Jahrzehnten war die Arbeit im Round Pen in unseren Breiten wenig bekannt. Bis dahin kannte man ausschließlich das Longieren als Möglichkeit, ein Pferd, losgelöst vom Reiten, zu bewegen. Waren es zuerst die Westernreiter, bei denen das Round Pen auftauchte, so ist es spätestens seit Beginn der Monty-Roberts-Ära und dem Pferdeflüsterer-Boom in aller Munde. Für einige Leute ist das Round Pen inzwischen zum »heiligen Gral« geworden. Sie begründen eine ganze Philosophie darauf. Nun, das ist sicher etwas übertrieben. Und wenn Menschen propagieren: Mach Round-Pen-Arbeit und alle Probleme mit Deinem Pferd lösen sich, dann ist das schlichtweg falsch. Dennoch kann das Training darin zu einer durchaus »runden Sache« werden.

Man arbeitet mit Pferden im Round Pen aus zweierlei Gründen: zum einen, um diesen den Respekt vor dem Menschen abzuverlangen. Sie sollen lernen, dass der Mensch grundsätzlich ranghöher ist und dass sie sich diesem unterzuordnen haben. Dazu bietet das Round Pen den idealen Rahmen. Dadurch, dass es rund ist, steht eine praktisch endlose Strecke zur Verfügung, die der Mensch nach seinen Ideen nutzen kann.

So kann das Pferd Kilometer um Kilometer laufen, ohne dem Menschen entkommen zu können. Dieser kann aus der Mitte des Zirkels willkürlich auf das Pferd einwirken und das mit einem ganz geringen Aufwand. Seine Position macht es ihm möglich, das Pferd mit wenigen Schritten zu erreichen, dabei ist er immer im Vorteil.

Der zweite Grund, mit einem Pferd in den Round Pen zu gehen, ist der, mit ihm eine feine Art der Kommunikation zu entwickeln. Eine Freiheitsdressur, die losgelöst von einer direkten Anbindung an einer Longe oder eines Seils stattfindet. Im Grunde genommen könnte man sagen, die Longe befindet sich außen herum als Round-Pen-Einzäunung. Nur ist es wesentlich anspruchsvoller, auf diese Weise Lektionen zu entwickeln wie Übergänge, Handwechsel, Anhalten, Rückwärts, usw. Erarbeite ich diese Dinge an der Longe, kann ich direkt über die Longe Einfluss auf das Pferd nehmen. Im Round Pen geht das nur über fein abgestimmte Einwirkungen mit Hilfe meiner Körperposition, Körpersprache und über gezieltes Aufbauen und Wegnehmen von Druck.

Problembeschreibung

Verweigert mir ein Pferd seine Aufmerksamkeit, wenn ich mit ihm im Round Pen kommunizieren möchte, ignoriert es mich einfach, dann kann ich keine Kommunikation mit ihm aufbauen. Es hört nicht hin. Die logische Konsequenz ist, ich muss mir »Gehör« verschaffen.

Lösungsvorschlag

Hier würde ich genauso verfahren, wie bei »Troll«, einem Pferd, über das ich in meinem Buch »Tipps und Tricks von Peter Pfister – Problemloser Umgang mit Pferden« geschrieben habe. Dieses Pferd ignorierte seinen Menschen und ließ sich nicht einfangen. Ein Pferd, das nicht bereit ist, mit mir zu kommunizieren, zeigt mir das sehr deutlich. Für dieses ist alles in seinem Umfeld interessanter, als sich mit mir zu befassen. Es wird den Blick von mir weg gerichtet haben, die Ohren sind vielleicht gespitzt, aber zeigen nicht zu mir, sondern zu irgendwelchen Begebenheiten außerhalb. Es wird nicht reagieren, wenn ich es anspreche.

Ist ein Pferd nicht gewillt, auf mich zu achten, werde ich ihm diese »Missachtung« unangenehm machen. Das tue ich, indem ich es gezielt scheuche. Dazu benutze ich wieder den Kontaktstock. Dieser ist nicht dazu gedacht, das Pferd damit zu berühren. Man setzt ihn vielmehr so ein, dass man über das Schlagen mit der Schnur auf den Boden, Druck auf das Pferd ausübt. Je nachdem, wo ich es beeinflussen will, kann ich die Einwirkung hinter dem Pferd, davor oder auch irgendwo seitlich anbringen. Ich kann die Schnur sanft zu Boden fallen lassen, aber den Stock auch voller Energie, mit beiden Händen auf den Boden schlagen. Bei einer gut abgestimmten Kommunikation ist dann später meist nur noch das Anheben der Stockspitze in eine bestimmte Richtung nötig, um dem Pferd meine Anweisungen zu übermitteln.

Mit dieser Möglichkeit der Einflussnahme ausgestattet, beginne ich nun, das Pferd auf mich aufmerksam zu machen. Ich schicke es auf den Hufschlag und treibe es deutlich vorwärts. Ich fordere immer wieder knackige Handwechsel, stoppe es, schicke es in die Gegenrichtung. Ich mache das mit einem gewissen Nachdruck, denn im Moment geht es wirklich um Aufmerksamkeit und Respekt. Dabei ist es mir egal, ob das Pferd nach innen oder außen abwendet.

Die allermeisten Pferde werden nach sehr kurzer Zeit ihre Ignoranz aufgeben und beginnen, sehr genau auf mich zu achten. Das merken Sie am veränderten Verhalten des Pferdes. Es wird mir seinen Blick zuwenden, die Ohren zur Seite oder seitlich nach hinten stellen. Es beginnt, den Kopf zu senken und oft kann man ein Kauen und ein Lecken der Lippen mit der Zunge beobachten. Dann ist der Zeitpunkt da, allen Druck wegzunehmen und ihm eine kurze Pause zu gönnen, um dann mit einer »weichen« Kommunikation fortzufahren.

Immer, wenn das Pferd mir seine Aufmerksamkeit entzieht oder sie nachlässt, sollte ich es wieder mit mehr Nachdruck »ansprechen«, damit es lernt, mit dem Kopf bei mir zu bleiben. Das gebietet der Respekt vor dem Ranghöheren, außerdem ist eine Unterhaltung nicht möglich, wenn der Andere mir nicht zuhört.

23. Ignoranten im Round Pen

Schenkt ein Pferd mir bei der Arbeit im Round Pen nicht seine Aufmerksamkeit, kann ich nicht mit ihm kommunizieren. Hier heißt es: Auf sich aufmerksam machen. Ein gezieltes »Scheuchen« des Pferdes kann dabei helfen.

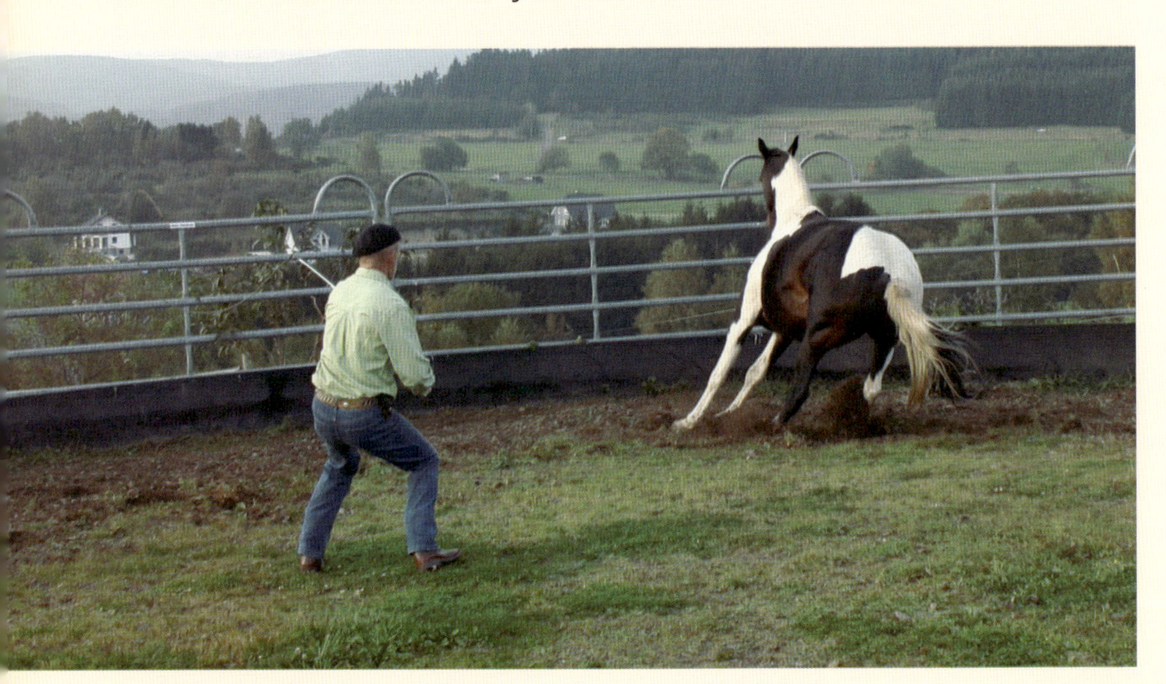

Ich habe das Pferd durch abruptes Abschneiden seines Weges gestoppt. Seine Reaktion: Es dreht sich nach außen ab, um sich zu entziehen.

Die Umzäunung des Round Pens begrenzt das Pferd nach außen, meine Körperposition begrenzt es nach vorne und innen. Dabei bleibt ihm keine andere Wahl, als die Flucht in die Gegenrichtung.

Nun versucht das Pferd, sich mit viel Power in die andere Richtung zu entziehen. Aber egal, wie schnell es wird, der Mensch muss wissen, was er will. Er hat im Round Pen immer die bessere Position.

Für das Pferd kann die Laufstrecke im Round Pen durch die Kreisform unendlich sein. Der Mensch braucht aus der Mitte heraus nur wenige Schritte zu tun, schon hat er das Pferd wieder »eingeholt«.

Und wieder wird dem Pferd der Weg abgeschnitten. Es ist bereits im Begriff, erneut zu stoppen. Gleich wird es wieder nach außen abdrehen. Seine Körperhaltung macht das sehr schön deutlich.

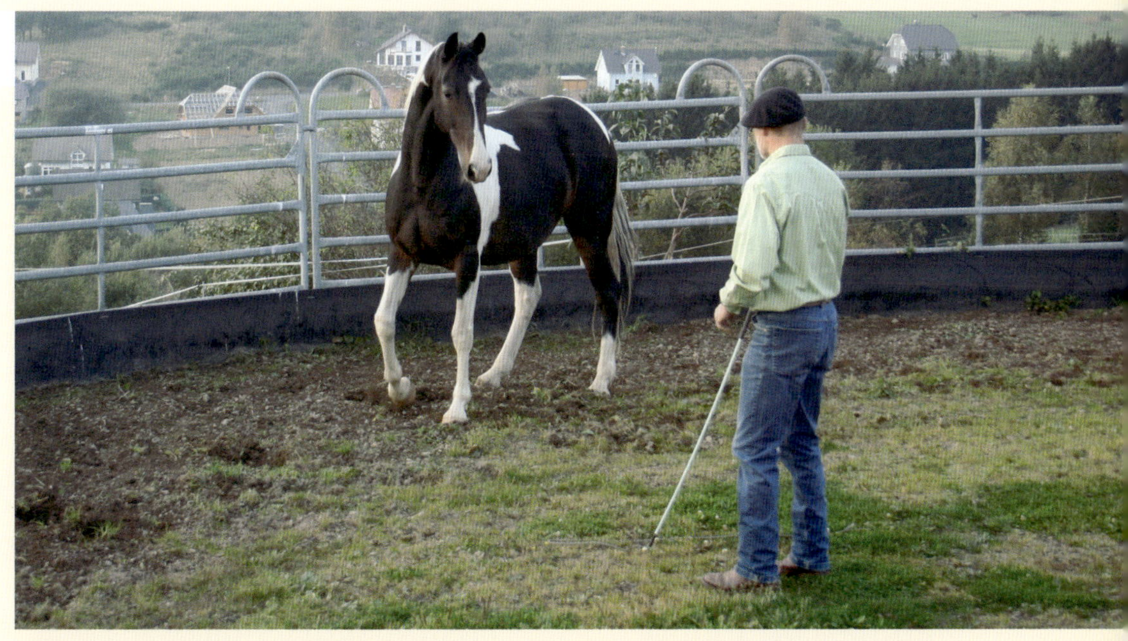

Nach einigem Hin und Her scheint das Pferd doch gemerkt zu haben, dass es wesentlich komfortabler ist, mit dem Menschen, anstatt gegen ihn zu arbeiten. Neugierig wendet es sich zu ihm hin und schaut ihn an.

Nun darf es eine Pause machen. Es herrscht Frieden ... Das Pferd hat seine Ohren seitlich abgestellt, was Akzeptanz ausdrückt. Mit seinem neugierigen Blick scheint es sagen zu wollen: »Okay, hier bin ich, was kann ich für Dich tun?«

24. Antriebslos – Mein Pferd lässt sich im Rund Pen nicht antreiben

Problembeschreibung

Mich erreichte folgender Brief:

Hallo Herr Pfister,
ich habe Ihr Buch »Ranch-Reiten« mit großer Begeisterung und Zustimmung gelesen. Alle Ihre Tipps und Aufgaben habe ich bei meinem 12-jährigen Shettlandpony-Wallach »Boy« ausprobiert. Doch das Longieren und die Round-Pen-Arbeit funktionieren einfach nicht. Bei Boy ist das schon ein älteres Problem, dass er sich nicht mit Hilfe eines Stricks treiben lässt. Er bleibt immer stehen, reagiert total stur und missfällig und macht am Ende gar nichts mehr.
Sonst ist er im Umgang recht lieb und ruhig, aber etwas unmotiviert. Ich bin auch (meistens) der Chef bei der Bodenarbeit. Da er nicht geritten wird, will ich ihn aber trotzdem longieren, schicken und auch mal »scheuchen« können. Was soll ich tun?
Vielen Dank
Sarah K.

Lösungsvorschlag

Hallo Sarah,
wenn Dein Pony auf Deine Aufforderung nicht losgeht, musst Du energischer auf es einwirken. Schaffst Du das nicht mit dem Strick, solltest Du den Kontaktstock verwenden. Mit diesem kannst Du eine Menge »Power« erzeugen. Wichtig ist, dass Du, sobald sich Dein Pony in Bewegung setzt, sofort aufhörst zu treiben. Dadurch erkennt es, dass es die richtige Reaktion gezeigt hat. Merkst Du, dass Boy langsamer wird oder einfach stehen bleiben möchte, musst Du sofort wieder deutlich treiben. Immer, wenn er die von Dir gewünschte Reaktion zeigt, nimmst Du den Druck weg. So lernt er, dass er in Ruhe gelassen wird, wenn er seinen Job macht. Weigert er sich zu arbeiten, wird ihm das durch stärkeren Druckaufbau unangenehm gemacht.
Gelingt es Dir nicht, ihn mit dem Kontaktstock in Bewegung zu setzen, arbeitest Du mit der »Wundertüte« und machst ihm mit dieser »Druck«. Wahrscheinlich wirst Du zunächst einmal bei Boy eine Menge Überzeugungsarbeit leisten müssen. Schließlich hat er ja mit viel Erfolg gelernt, sich vor dem Laufen zu drücken.

Wenn Du Dein Pferd etwas fragst, dann erwarte auch eine Antwort. Erhältst Du keine Antwort, musst Du Deine Frage deutlicher stellen. Erhältst Du immer noch keine Antwort, kann es sein, dass Du Deine Frage falsch gestellt hast. Dann musst Du sie anders stellen. Schaffst Du es nicht, die gewünschte Antwort von Deinem Pferd zu erhalten, besteht die Gefahr, dass es Dich nicht mehr ernst nimmt.

Mit anderen Worten: Ein Pferd lernt immer, entweder das Richtige oder das Falsche. Je nachdem, womit es Erfolg hat, lernt es das zu tun, was Du forderst oder Dich zu ignorieren.
Viele Grüße
Peter Pfister

Was auch immer der Grund für sein stoisches Verhalten im Round Pen ist, akzeptieren sollte man es nicht. Mit dem Kontaktstock kann man eine Menge Druck oder Energie auf das Pferd ausüben und bekommt es dann meist doch zum Laufen. Manchmal muss man dabei aber ganz schön nachdrücklich werden.

25. Ohne Bremsen – Mein Pferd lässt sich im Round Pen nicht anhalten

Problembeschreibung

Das Shetland-Pony »Boy« scheint von Natur aus etwas phlegmatisch oder vielleicht auch durch falsche und widersprüchliche Arbeit so geworden zu sein. Sein Verhalten liegt in seinem Sich-nicht-bewegen-Wollen oder in seiner Unerschütterlichkeit begründet.
Im Gegensatz dazu gibt es die Flucht- und Renntypen. Diese versuchen, sich durch unaufhaltsames Rennen zu entziehen.

Ist ein Pferd auf der Flucht, hört es nicht mehr hin. Ich habe keine Chance, eine Kommunikation mit ihm aufzubauen. Nur wenn es mir gelingt, es zu stoppen, es zur Aufmerksamkeit und zum Hinhören zu bewegen, können wir etwas miteinander zustande bringen.

Lösungsvorschlag

Bevor ich mit einem Pferd im Round Pen zu arbeiten beginne, lasse ich es zunächst in diesem frei und gebe ihm

eine wenig Zeit, sich mit der Raumsituation vertraut zu machen. Sollte es bereits jetzt schon losrasen, lasse ich das zunächst mal zu, ohne gleich regulierend einzugreifen. Vielleicht hat das Pferd einfach einen Bewegungsstau, den es erst mal abbauen muss. Kommt es nach einigen Minuten von selbst zur Ruhe und ist kommunikationsbereit, ist das prima. Ist dies aber nicht der Fall, werde ich versuchen, es in seinem Rennen zu unterbrechen, um es auf mich und meine Anwesenheit aufmerksam zu machen. Manche Pferde beginnen allerdings erst dann loszurennen, wenn der Mensch anfängt, etwas von ihnen zu fordern. Wann und warum ein Pferd im Round Pen auf die Flucht geht, ist zunächst mal nicht so wichtig. Fakt ist aber: Wenn es seine Raserei nicht einstellt, können wir nicht miteinander kommunizieren.

Da der Fluchtweg des Pferdes im Round Pen vorgeben ist, ist es für mich ein Leichtes, ihm einfach den Weg abzuschneiden. Hierbei muss ich allerdings etwas vorausschauend vorgehen. Laufe ich nämlich direkt auf den Kopf des Pferdes zu, um es zu stoppen, ist es bereits an mir vorbei, bevor ich zur Einwirkung komme. In diesem Fall erreiche ich das Gegenteil. Ich wirke nicht bremsend, sondern zusätzlich vorwärts treibend auf es ein, weil ich hinter die »Treiblinie« komme. Wir erinnern uns: Die Treiblinie ist etwa dort, wo beim gesattelten Pferd der Sattelgurt liegt. Alles, was davor einwirkt, wirkt bremsend, alles, was dahinter einwirkt, beschleunigend.

Zu einem Pferd, das sich auf der Flucht befindet, wird man keine Kommunikation aufbauen können. Man muss sein Fluchtverhalten unterbrechen, um mit ihm in Kontakt treten zu können

Durch ein geschicktes Wegabschneiden habe ich den Schimmel gestoppt. Nun schaut er mich an und registriert mich. Gleich werde ich den Kontaktstock senken, um ihm eine Komfortzeit anzubieten.

Diese Komfortzeit nutzt das Pferd, um sich mir noch mehr zuzuwenden. Es scheint gemerkt zu haben, dass Flucht keine Lösung ist

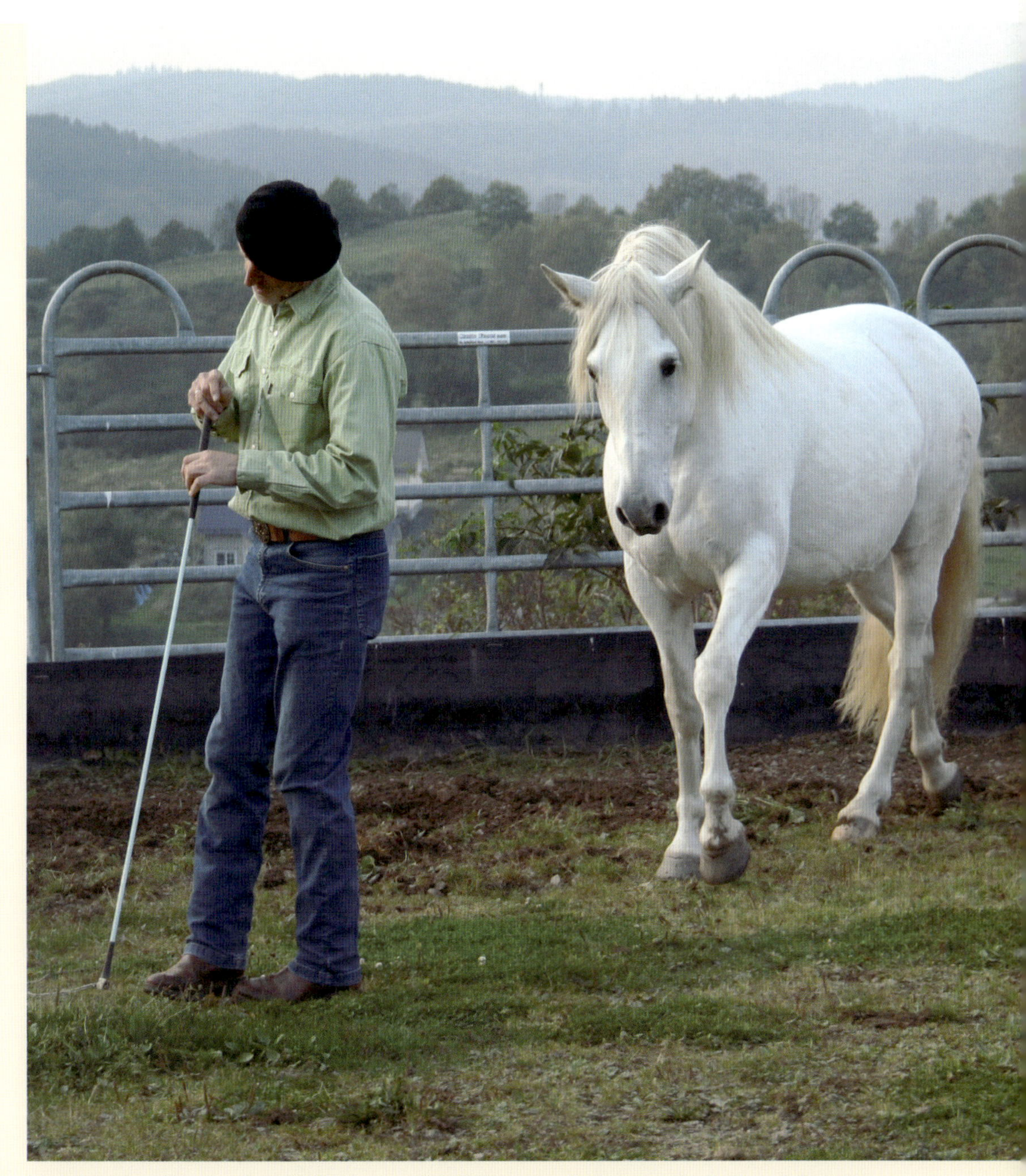

Ich drehe mich von ihm ab und er schließt sich mir an. Dabei hält er seinen Kopf jetzt gesenkt, die Ohren sind seitwärts und leicht nach hinten gestellt, was wiederum von Akzeptanz und Unterordnung zeugt.

25. Ohne Bremsen – Mein Pferd lässt sich im Round Pen nicht anhalten

Stellen wir uns vor, das Round Pen sei das Ziffernblatt einer Uhr. Wir agieren aus der Mitte des Ziffernblattes. Will ich ein Pferd stoppen, das sich schnell galoppierend auf der Zirkellinie bewegt, muss ich etwa »20 bis 30 Minuten« vor diesem mit meiner Einwirkung ansetzen. Befindet sich das Pferd bei 6.00 Uhr werde ich mich zum Stoppen, je nach Schnelligkeit des Galopps, auf etwa 10.00 bis 12.00 Uhr zubewegen, um es rechtzeitig abfangen zu können. Hierbei werde ich als Hilfsmittel den Kontaktstock nutzen. Möglich wäre auch, ein Seil oder eine Longe in diese Richtung zu werfen. Das erfordert aber sehr viel mehr Geschick und lässt sich nicht so präzise einsetzen. Andere nutzen lieber eine lange Longierpeitsche oder arbeiten ganz ohne Hilfsmittel, nur mit Hilfe ihres Körpers.

Erwartet man allerdings, dass das so angesprochene Pferd nun spontan anhält, wird man meist enttäuscht. Versperre ich einem Pferd den Fluchtweg, versucht es in eine andere Richtung zu fliehen. In diesem Fall heißt das, es hält an und dreht nach außen ab. Da die Round-Pen-Einzäunung aber die Flucht nach außen verhindert, bleibt ihm nichts anderes übrig, als in die Gegenrichtung zu rennen. Jetzt heißt es schnell sein. Sofort versuche ich, ihm auch dort den Weg abzuschneiden. Was ein erneutes Abwenden in die ursprüngliche Richtung zur Folge hat. Wieder versuche ich, ihm den Weg abzuschneiden. Das kann einige Male so gehen. Ich versuche, mein Pferd permanent an der Flucht zu hindern. Dazu ist das Round Pen die ideale Einrichtung, weil es nur in zwei Richtungen fliehen kann. Ich habe dabei immer die besseren Bedingungen.

Nach einigen dieser Manöver wird das Pferd erkennen, dass es mit Flucht nicht weiterkommt. Es wird irritiert innehalten. Meist hat es dabei dann den Kopf nach außen und die Hinterhand zur Zirkelmitte gestellt. Jetzt warte ich ab und wirke nicht mehr aufs Pferd ein. Vermutlich wird es mir nach ein paar Sekunden den Blick zuwenden, vielleicht zeigt es auch die bereits am Ende von Kapitel 23 beschriebenen anderen Merkmale. So lässt es erkennen, dass es mich nun bewusst wahrnimmt. Es lernt, dass man den Dingen nicht davonlaufen kann, dass Flucht keine Lösung ist. Es lernt, sich den Herausforderungen zu stellen.

Jetzt ist es an mir, die Kommunikation in sanfter Weise fortzusetzen. Ich werde es auffordern, im ruhigen Schritt auf dem Hufschlag zu gehen und sanft durchzuparieren. Dann lasse ich es eine Pause machen und wieder antreten. Wichtig ist, es in langen ruhigen Reprisen zu arbeiten, mit vielen Pausen, um ihm eine angenehme Arbeitsatmosphäre zu bieten. Erst, wenn ich den Eindruck habe, dass mein Pferd im Schritt stabil ist und nicht mehr mit Flucht auf meine Ansprache reagiert, werde ich es auch mal traben lassen. Mit der Galopparbeit werde ich zunächst noch eine Weile warten. Aber immer, wenn mein Pferd in sein altes Fluchtverhalten fallen will, werde ich sofort in oben beschriebener Weise reagieren.

Pferde, die sich, wie in Kapitel 24, eher phlegmatisch, faul oder stoisch verhalten, werde ich mit kurzen, knackigen Einwirkungen, vielen Übergängen und Handwechseln versuchen, auf »Trab« zu bringen. Zur Flucht oder Panik neigende Pferd, muss ich erst stoppen und zum Hinhören bewegen. Dann werde ich versuchen, diesen durch ruhige, lange und langsame Arbeitsreprisen Sicherheit und Ruhe zu geben.

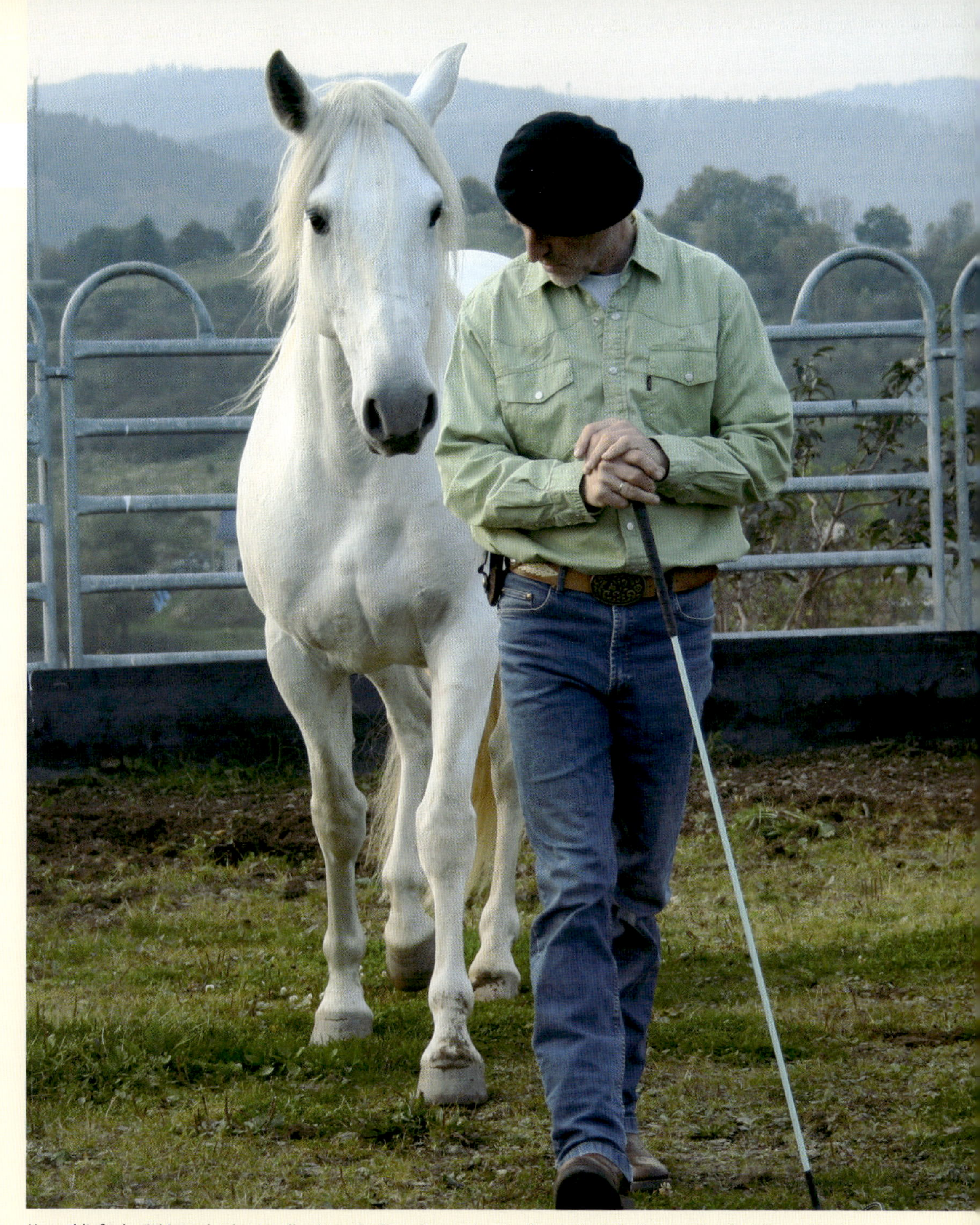

Nun schließt der Schimmel sich mir vollends an. Die Vorgehensweisen in diesem Kapitel scheinen sehr ähnlich zu sein wie die in Kapitel 23. In beiden Fällen hat das Pferd mir seine Aufmerksamkeit entzogen. Der Unterschied: In Kapitel 23 war der Grund Ignoranz, in diesem ein sich durch Flucht entziehen wollen. Im ersten Fall wurde das Pferd durch gezielte Aktion meinerseits auf mich geprägt. Im Zweiten durch ein gezieltes Unterbrechen seiner Aktion

26. Schulterschluss – Mein Pferd bedrängt mich im Round Pen und geht nicht auf den Hufschlag

Problembeschreibung

Das sind dann eher die Respektlosen, manchmal auch die Gemütlichen und Faulen. Bedrängt mich ein Pferd, meist ist das ein Kleben mit der Schulter an dem Menschen, ist das kein Ausdruck des Suchens von Nähe und Geborgenheit. Es ist eine bewusste Provokation, die aus einer starken Respektlosigkeit resultieren kam. Die Logik, die hinter diesem Verhalten steckt, habe ich in Kapitel 16 beschrieben und ist ein reines Dominanzverhalten.

Allerdings könnte es auch sein, dass der Mensch durch eine ungeschickte und widersprüchliche Arbeitsweise nicht in der Lage ist, das Pferd entsprechend auf seine Position zu verweisen (siehe Kapitel 2). Ob nun ein Pferd aus Respektlosigkeit nicht aus der Mitte des Zirkels geht oder weil meine Arbeitsweise lückenhaft ist: in beiden Fällen werden wir nicht zum Arbeiten kommen. In beiden Fällen ist es jeweils die Schulter, durch die der Mensch bedrängt wird. Also muss es auch die Schulter sein, an der ich mit meiner Arbeit ansetze.

Lösungsvorschlag

Auch hier ist es wieder der Kontaktstock, mit dem ich am besten einwirken kann. Mit dessen Spitze versuche ich zunächst durch rhythmisches Andeuten auf Hals oder Schulter, das Pferd zum Ausweichen von mit weg und zum Hufschlag hin zu bewegen. Reicht diese Einwirkung nicht aus, werde ich beginnen, diese Stelle leicht zu touchieren. Bei Bedarf kann daraus ein starkes Anklopfen werden. Lässt ein Pferd sich auch hiervon nicht beeindrucken, gehe ich ein wenig auf Abstand zu diesem, um meine Einwirkung mit der Schnur des Kontaktstockes fortsetzen zu können. Diese setze ich propellerartig gegen die Schulter ein, zunächst ohne das Pferd zu berühren. Habe ich damit keinen Erfolg, steigere ich die »Drehzahl« und werde bei Bedarf letztendlich mit der Schnur des Stockes direkt auf den Pferdekörper einwirken mit entsprechend nötiger Intensität. Setzt sich das Pferd in Bewegung, höre ich sofort auf zu treiben. Reicht die Reaktion nicht aus, muss ich entsprechend nachtreiben. Gelingt es mir, das Pferd an der Schulter wegzutreiben, wird unweigerlich der Rest des Körpers nachfolgen. Somit habe ich das ganze Pferd auf der Kreisbahn.

Ein gemütliches oder auch faules Pferd wird normalerweise nicht versuchen, mich mit der Schulter zu bedrängen, aber es neigt oft dazu, den Kreis so eng wie möglich zu laufen. Somit ist der Weg kürzer und es muss sich nicht so anstrengen.

Solch ein Pferd schicke ich zunächst wie oben beschrieben auf den Zirkel, werde dann aber in einem kleinen Zirkel in Höhe der Treiblinie parallel zu ihm mitgehen. Will es abkürzen oder läuft es den Zirkel nicht voll aus, schicke ich es mit dem Schlag des Kontaktstockes nach außen. Dabei wirke ich direkt hinter der Schulter auf die Treiblinie ein. So kann ich den Bewegungsradius erweitern. Auch das faule Pferd ist schließlich gezwungen, außen auf dem Hufschlag zu gehen. Fordere ich das immer wieder konsequent ein, wird auch dieses Pferd nach einiger Zeit merken, dass abkürzen wollen ihm keinen Vorteil mehr bringt. Es wird lernen, die Verantwortung zu übernehmen und die angegebene Position zu halten.

Ein weiterer Grund für das Laufen zu enger Zirkel, kann in der ausgeprägten natürlichen Schiefe eines Pferdes begründet sein. Ist ein Pferd von Natur aus nach links hohl gebogen, wird es auf der rechten Hand auf dem Zirkel die Tendenz haben, über die rechte Schulter nach innen in diesen hinein zu fallen. In Kapitel 5 habe ich mich bereits ausführlich zu diesem Thema geäußert. Ob ich das Pferd nun an der Longe arbeite oder frei im Round Pen, hier muss ich genau wie oben vorgehen und dieses hinter der Schulter einwirkend, nach außen treiben. Allerdings ist die Korrektur dieses Problems an der Longe einfachen, weil ich zusätzlich zum Herausschicken der Schulter, dem Pferd über die Longe den Kopf nach innen stellen kann. Das ist bei der freien Arbeit im Round Pen nicht möglich.

Durch Einwirken mit dem Kontaktstock in Richtung Hals und Schulter, wird der Schecke aus der Bahnmitte raus zum Hufschlag geschickt.

Dabei hat das Pferd noch immer die Tendenz, mit der Schulter nach innen zu drücken. Der Kopf weißt eine deutliche Außenstellung auf.

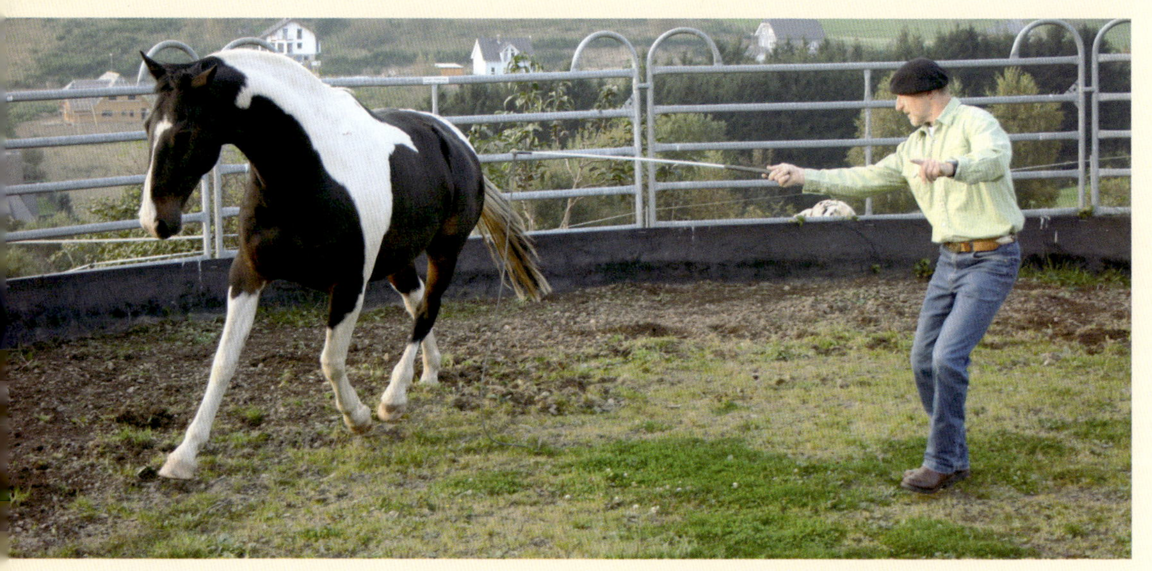

Durch Einwirkung im Bereich der »Treiblinie« versuche ich, das Pferd mit der Schulter nach außen zu schicken. Die »Treiblinie« befindet sich hinter der Schulter, etwa dort, wo normalerweise der Bauchgurt des Sattels liegt.

Ich muss schon deutlich auf das Pferd einwirken, damit es mich ernst nimmt und meine Anforderung umsetzt.

Ich begleite den Schecken, in dem ich auf einem kleineren Zirkel parallel neben ihm hergehe. Die Spitze des Kontaktstocks bleibt in Höhe der »Treiblinie«, damit ich im Bedarfsfall sofort korrigierend einwirken kann.

27. Mein Pferd läuft Amok, sobald ich etwas von ihm will

Im letzten Kapitel dieses Buches möchte ich Sie nochmals an einem Schriftwechsel zwischen einer Ratsuchenden und mir teilhaben lassen. Manche dieser Briefe und Berichte lassen einen vielleicht meinen, es handele sich um konstruierte Fallbeispiele. Leider ist es nicht so. Die verrücktesten und manchmal auch schrecklichsten Geschichten schreibt das Leben. Es ist mitunter nicht zu fassen, was Menschen einander, aber auch was Menschen anderen Lebewesen antun. Was sie dabei zerstören und welche Dauerschäden dabei entstehen, zeigt sich oft erst hinterher.

Grundlage meiner Arbeit mit Pferden sind zum einen die vier Säulen: Autorität, Vertrauen, System und Konsequenz. Zum anderen gibt es da noch drei weitere wichtige, ich nenne sie, ethische Ansprüche. Für mich genauso wichtige Bestandteile meiner Arbeit.

Erstens die Demut. Demut ist sicher für Viele ein unmodernes, befremdliches, im Jargon der Jugend würde man sagen uncooles Wort. Mit Demut meine ich, den Mut zu haben, sich selbst in Frage zu stellen. Wenn etwas nicht klappt, nicht gleich dem Anderen die Schuld dafür zuzuweisen, sondern zunächst sich und sein eigenes Tun zu hinterfragen, den Fehler bei sich zu suchen.

Für Viele ist es oft der »blöde Bock«, der nicht funktioniert, der zu dumm zu allem ist. Der mal wieder spinnt, usw. Ja nicht darüber nachdenken, dass ich mich vielleicht nicht richtig ausgedrückt haben könnte. Oder dass ich nicht in der Lage war, die Verhältnisse in richtiger und naturorientierter Weise mit meinem Pferd geklärt zu haben. Es ist ja so einfach, dem Anderen die Schuld zu geben, um dadurch von den eigenen Defiziten abzulenken. Nur, habe ich nicht den Mut zur Selbstprüfung, zur Korrektur, zur Umkehr, werde ich mich nicht weiterentwickeln und der Andere bleibt immer das Opfer.

Der zweite Punkt ist der Respekt vor der Kreatur, in diesem Fall vor dem Pferd. Gott hat dem Menschen die Tiere zu Untertanen gemacht, heißt es im alten Testament der Bibel. Er hat sie uns untergetan oder unterstellt. Das gibt uns aber nicht das Recht, sie auszubeuten. Vielmehr nimmt es uns in die Pflicht, uns um sie zu kümmern, Verantwortung für sie zu übernehmen. Respekt und Achtung vor dem Pferd heißt für mich, sich um sein Wohlergehen zu kümmern. Ihm das zu geben, was es braucht, um sich wohl zu fühlen. Und das ist neben einer artgerechten Haltung, Futterversorgung und medizinischen Betreuung, ein gute und fundierte Ausbildung und Erziehung.

Der dritte Anspruch steht für mich über allen anderen, es

ist Achtung vor dem Schöpfer, der Himmel und Erde gemacht hat. Er ist es, der alles so wunderbar arrangiert hat. Der uns die Luft zum atmen, Essen zum Leben und die Liebe zum Wohlfühlen gegeben hat. Dazu mag man stehen, wie man will, für mich ist dieser Glaube unabänderlicher Bestandteil meines Leben, der in all mein Tun hineingehört, auch im meine Arbeit mit den Pferden.

Nun, liebe Leser, verzeihen Sie mir diese Abschweifung. Aber ich glaube, wenn wir mehr dahin kämen, ausführlicher über diese Dinge nachzudenken, ginge es den Pferden besser mit den Menschen und den Menschen besser mit den Pferden.

Der folgende Beitrag soll noch einmal einen Einblick ist die Komplexität des Umgangs mit den Pferden geben und zeigen, wie vielschichtig die Probleme oft sind.

Sehr geehrter Herr Pfister,

in einem Pferdemagazin habe ich einen Bericht über Sie gelesen. Dieser Artikel hat mich sehr bewegt. Was mich besonders fasziniert hat, ist die Selbstverständlichkeit und Begeisterung, mit der Ihre Pferde mit Ihnen arbeiten.

Auch ich bin seit meiner Kindheit mit Pferden verbunden und habe mir im letzten Jahr eine Holsteiner-Zuchtstute gekauft.

Es war eigentlich ein Mitleidskauf, aber dennoch »Liebe auf den ersten Blick«. Dass ich diesem Tier reiterlich noch nicht gewachsen war, musste ich zum Zeitpunkt des Kaufes bereits, hatte aber gemeint, ich würde den Weg zu meinem Pferd schon finden. Dieses erwies sich aber als problematischer als gedacht. Nun zur Geschichte meines Pferdes.

Die Stute ist acht Jahre alt. Sie hat bisher nur Schlechtes in ihrem Leben erfahren. Im Alter von vier Jahren sollte sie binnen vier Wochen eingeritten werden. Wir beide wissen, was es bedeutet, einem Pferd in vier Wochen alles beibringen zu wollen, was ein Dressurpferd können soll. Es ist nicht zu bewältigen ... Sie können sich vorstellen, mit wie viel Brutalität das abgelaufen sein muss. Nach vier Wochen kam sie zurück in ihren dunklen Stall, sie hatte nie eine Bezugsperson. Sie stand eigentlich ihr ganzes Leben lang in einer Box, wurde mit Eisenstangen in eine Reithalle getrieben. Dort hat man sie galoppieren lassen (flüchten lassen), bis ihre Angst und Aggression abgebaut waren. Dann kam sie zurück in den Stall.

Mit sieben Jahren bekam sie ihr erstes Fohlen. Dieses wurde vor ihren Augen durch die Hand des Menschen verletzt und getötet. Zu diesem Zeitpunkt lernte ich mein Pferd kennen. Ich wusste, dass ich dieses Tier aus den Händen dieses »Züchters« holen musste und habe sie gekauft.

So viel zur Vorgeschichte. Nun zu den Reaktionen und Verhaltensweisen meines Pferdes, in der Hoffnung, dass Sie mir nützliche Tipps geben können, wie ich mit Vertrauensarbeit einen Weg zu dem Pferd finden kann. Larissa ist ein sehr selbstbewusstes, aber auch sehr nerviges, hektisches und teilweise aggressives Pferd. Solange man sie zu keiner Arbeit zwingt und sie nur putzt oder sich durch schmusen mit ihr beschäftigt, ist sie überaus lieb. Sobald sie aber merkt, dass man etwas von ihr verlangt, läuft sie regelrecht Amok. Dadurch, dass sie eine Leitstute ist und immer eine große Herde (12 Stuten) unter sich hatte, ist es für mich als Nachwuchsreiter sehr schwer, Dominanz und Vertrauen zu mischen.

An der Longe rotiert sie so, als würde man ein Lasso schwingen. Sie rennt nur und versucht zu flüchten. Beim Reiten rennt sie mir unter dem Hintern weg. Sie hat Sattelzwang und lässt mich nur ungern aufsitzen, ständig versucht sie, dabei auszuweichen. Wenn ich es geschafft habe, trotzdem in den Sattel zu kommen, steigt und bockt sie. Wenn sie nach einer Stunde ständigen Vorwärtsreitens richtig warm ist, hat sie Vertrauen zu arbeiten und verhält sich wie ein »normales« Pferd. Man merkt ihrem Stress nichts mehr an. Aber bei jedem Arbeiten läuft die gleiche Prozedur ab. Sie lässt sich auch nicht gerne einfangen und

flüchtet, sobald sie mich mit Arbeitsmaterial kommen sieht. Besonders dann, wenn der Sattel ins Spiel kommt.
Nun zu meiner Arbeit. Ich habe mir angewöhnt, wenn ich sie auf der Weide eingefangen habe und sie sich aufhalftern lässt, ihr eine Belohnung zu geben. So soll sie das Aufhalftern mit etwas Gutem verbinden. Deshalb putze ich sie auch oft, ohne mit ihr arbeiten zu wollen. Dabei habe ich aber immer den Sattel dabei, damit sie ihre Angst davor abbauen kann. Danach lasse ich sie wieder auf die Weide, damit sie das Holen nicht immer mit unangenehmer Arbeit verbindet.
Beim Longieren haben wir mit zwei Personen gearbeitet. An der Doppellonge lasse ich sie eine Zeit nur Schritt, Halten und Handwechsel gehen. Sobald sie anfängt zu rennen, pariere ich sie durch. Das erfordert eine hohe Konzentration und Stress für Larissa. Wenn ich merke, das Pferd ist zufrieden, höre ich mit der Arbeit auf.
Dann übe ich das Sattel auflegen. Das mache ich so lange, bis sie sich diesen ruhig auflegen lässt. Dabei rede ich viel mit ihr, beruhige sie mit der Stimme und belohne sie so für ihre Mitarbeit. Das Reiten wollte ich in diesem Jahr zunächst mal ganz auf Eis legen und nur Longen-, Stangen- und Labyrintharbeit mit ihr machen. Vielleicht wird sie dadurch lockerer im Rücken und bekommt wieder mehr Vertrauen zum Menschen. Vielleicht heilt die Zeit alle Wunden. Sie soll außerdem in diesem Jahr ein Fohlen bekommen, damit sie erfährt, wie es ist, ein Fohlen unter der positiven Obhut eines Menschen aufzuziehen.
Was meinen Sie zu meiner Vorgehensweise?
Mit pferdefreundlichen Grüßen
Michaela Carstens

Liebe Frau Carstens,
es scheint, als hätten Sie sich ein Problem gekauft. Allerdings ist es immer ein wenig schwierig, sich an Hand eines subjektiven Berichts ein realistisches Bild zu machen.
Zunächst schreiben Sie, dass Ihr Pferd sein ganzes Leben lang in einer Box stand. Ein paar Zeilen weiter aber, dass eseine Leitstute ist und immer eine große Herde (12 Stuten) unter sich hatte. Diese beiden Aussagen widersprechen sich. Ist sie eine starke Leitstute mit permanent praktizierter Führungsrolle, kennt sie die Spielregeln der Natur. Hat sie ihr Leben lang in einer Box gelebt, ohne Kontakt zu Artgenossen, konnte sie diese Spielregeln nicht kennen lernen. Aber wie dem auch sei, Ihre Aufgabe muss es sein, für dieses Pferd zur »Leitungsautorität« oder zum »Leittier« zu werden. Nur dadurch, dass wir lernen, uns an der Natur zu orientieren, erhalten wir den Schlüssel zu den Pferden.
Von Natur aus sind Pferde Herdentiere und leben in einer Hierarchie. Eine gleichberechtigte Partnerschaft hat die Natur nicht vorgesehen. Es heißt: Leiten oder geleitet werden. In der Partnerschaft zwischen Pferden und Menschen gilt das Gleiche. Wenn ich als Mensch nicht die Stärke aufbringe, für mein Pferd zum Leittier zu werden, wird das Pferd versuchen, diese Funktion zu übernehmen. Das hat dann mitunter schmerzliche Folgen.

Je mehr »Alfa-Anteil« ein Pferd hat, umso mehr Leitungsautorität muss der dazugehörige Mensch aufbringen. Ist der Mensch hier nicht eindeutig, wird das Pferd ihn »abfragen«, das heißt provozieren, denn es muss wissen, wo es hingehört.

Sie schreiben weiter, dass es für Sie schwer ist, Dominanz und Vertrauen zu »mischen«. Das können Sie auch nicht, das eine ist das Ergebnis des anderen. Aber Dominanz kann man auf verschiedene Weisen erzeugen. Dominanz kann Misstrauen, Stress und Feindschaft schaffen, aber auch Vertrauen. Der Duden übersetzt das Wort Dominanz mit »Vorherrschaft haben«. Versuche ich diese »Vorherrschaft« zu erlangen durch Brutalität, Unterdrückung und Ignoranz, ist das Ergebnis wie oben beschrieben. Gehe ich so mit einem ranghohen Tier um, provoziere ich es zum »Zurückschlagen«, ein rangniedriges breche ich. Ihr Pferd als ranghohes Tier duldet gewisse Dinge bis zu einer bestimmten Grenze und beginnt dann Opposition aufzubauen.

Gewalt beginnt, wo Wissen endet.

Da solche Pferdeleute, wie Sie sie beschrieben haben, sich mitunter wenig bis keine Mühe machen, ein Pferd zu verstehen, wird versucht, schwierige Situationen durch Gewalt in den Griff zu bekommen. Das Ergebnis sehen wir dann. Diese Art von Dominanz nenne ich negative Dominanz.

Die andere Art ist die positive oder freundliche Dominanz. Das hat nichts mit Schwäche zeigen zu tun, sondern mit Autorität werden. Eine Autorität ist eine »Persönlichkeit von hohem Ansehen«, schreibt der Duden. Eine Autorität ist eine Führungspersönlichkeit, an der man sich orientieren möchte und der man gefallen will. Nur indem ich eine solche werde, erhalte ich den Respekt und das Vertrauen des Pferdes. Das hat viel mit Konsequenz, aber auch mit Berechenbarkeit zu tun. Das Pferd muss wissen, wo es dran ist. Unser Umgang ist grundsätzlich freundlich. Ich gebe mir immer Mühe, meine Anfragen so zu stellen, dass mein Pferd sie verstehen kann. Ich gebe ihm Zeit zu lernen. Es darf Angst haben, das entspricht seiner Natur. Was es nicht darf, ist respektlos sein, indem es mich ignoriert oder gar angreift. Hier muss eine sofortige angemessene Sanktion erfolgen, danach erhält das Pferd gleich wieder die Chance, auf mein freundliches Angebot einzugehen.

Ich würde mit einem Pferd wie dem Ihren von ganz vorne anfangen, mit der Basisausbildung am Boden. Es muss lernen, dass Sie beim Führen vorangehen. Es muss lernen, sich auf Sie zu konzentrieren, nicht umgekehrt.

Es gibt eine Menge Anwendungen, die Sie vom Boden aus machen können. Aber ich glaube aus Ihrem Brief herauslesen zu können, dass dies auch Ihre Idee ist.

Ich wünsche Ihnen alles Gute, viel Glück und Ausdauer mit Ihrem Pferd. Mögen Sie irgendwann dahin kommen, dass der Umgang, mit Larissa nur noch Freude macht.

Es grüßt Sie herzlich
Peter Pfister

Zum Weiterlesen

Christa Arz
Bodenarbeit – Pferdetraining an der Hand
ISBN 978-3-275-01339-5

Ursula Bruns & Linda Tellington-Jones
Die Tellington-Methode – So erzieht man sein Pferd
ISBN 978-3-275-00856-8

Kerstin Diacont
Wie sag ich's meinem Pferd?
ISBN 978-3-275-01591-7

Michael Geitner
Be strict –Denken wie ein Pferd –
Richtig ausbilden • konsequent korrigieren
ISBN 978-3-275-01389-0

Michael Geitner
Dual-Aktivierung
ISBN 978-3-275-01539-9

Regine Gruber
Pferdehaltung –
Gesunde Pferde durch gesunde Haltung
ISBN 978-3-275-01502-3

Marlit Hoffmann
Was tun mit jungen Pferden?
ISBN 978-3-275-01445-3

Richard Maxwell & Johanna Sharples
Dein Traumpferd in 20 Minuten täglich – Ein Trainings-Programm in 3 Schritten für jedes Pferd
ISBN 978-3-275-01516-0

Richard Maxwell & Johanna Sharples
Sanfte Pferdeausbildung
ISBN 978-3-275-01573-3

Peter Pfister
Ranch-Reiten – Eine alte Reitweise neu entdeckt
ISBN 978-3-275-01404-0

Peter Pfister
Tipps und Tricks von Peter Pfister
Problemloser Umgang mit Pferden
ISBN 978-3-275-01615-0

Karin Tillisch
Harmonie Pferd und Mensch –
Neue Wege zur vertrauensvollen Partnerschaft
ISBN 978-3-275-01490-3

Sollten Sie Fragen haben,
ich helfe Ihnen gerne!
E-Mail: info@peterpfister.de
www.peterpfister.de